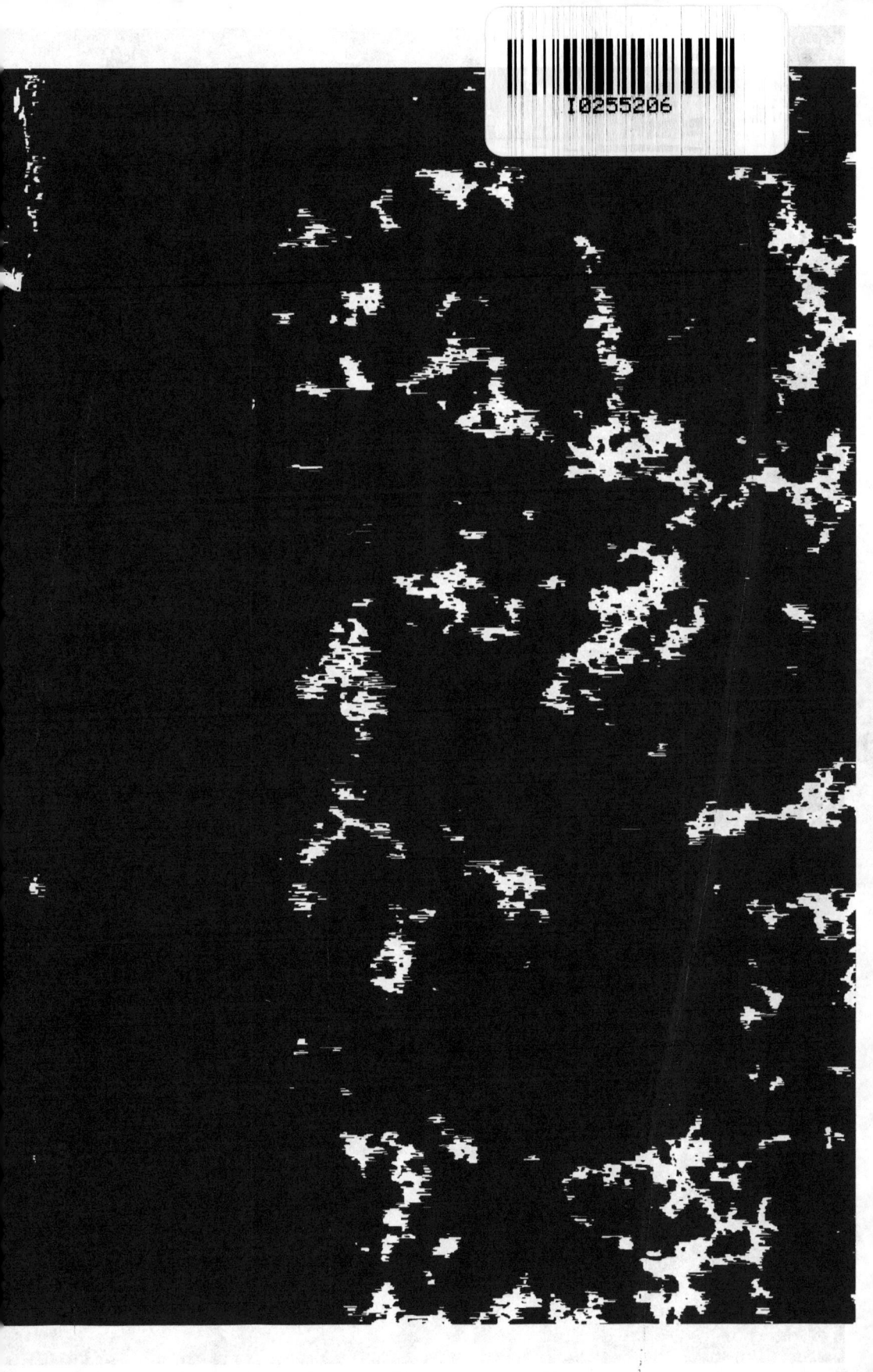

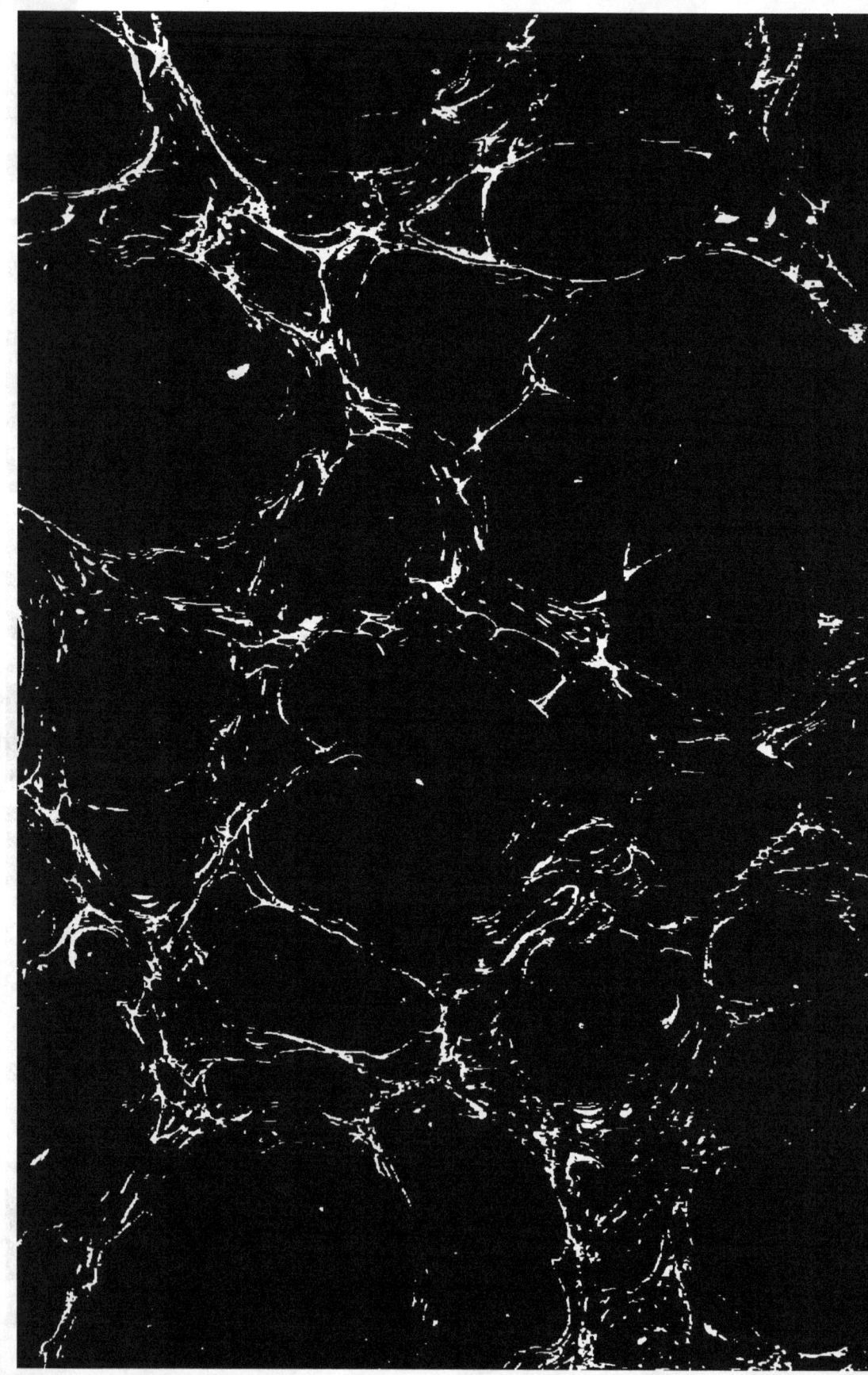

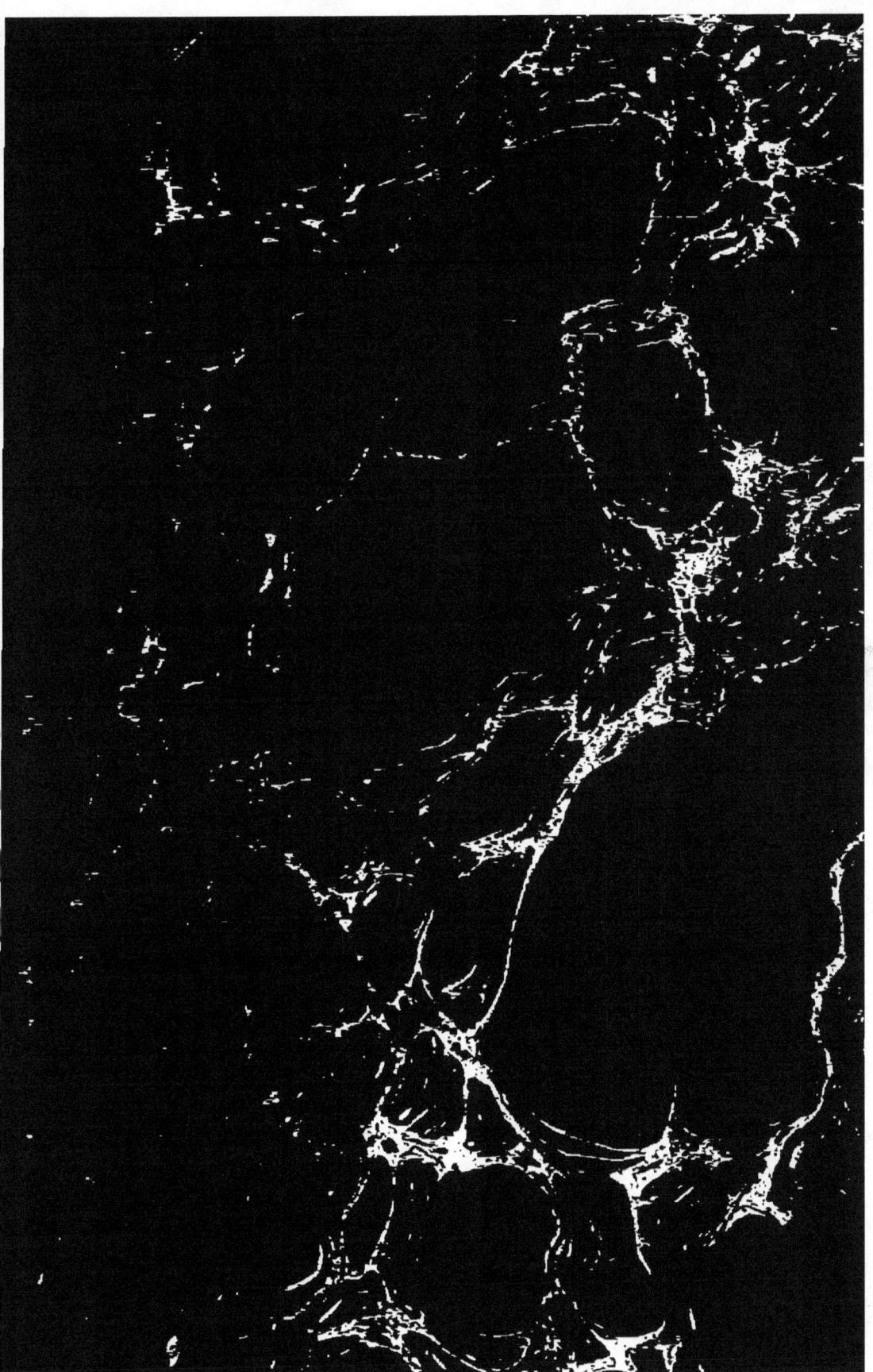

CHOIX MORAL
DE LETTRES.

Mme DE SÉVIGNÉ.
TOME II.

Le Choix moral de Lettres de Voltaire, 4 vol. in-18 et in-12, orné de son portrait, se vend chez le même Libraire.

Il paraîtra chez lui successivement le choix de tous les auteurs désignés dans la préface.

Chaque *choix de Lettres* est suivi d'une table des *sujets de Lettres*, destinée à servir de *manuel épistolaire*, et d'un choix des *pensées remarquables, bons mots, et reparties spirituelles*, tirés de la correspondance entière.

IMPRIMERIE DE FIRMIN DIDOT, RUE JACOB, N° 24.

CHOIX MORAL
DE LETTRES
DE
MME DE SÉVIGNÉ,

PRÉCÉDÉ D'UNE NOTICE SUR SA VIE ET SES OUVRAGES,
ET ORNÉ DE SON PORTRAIT.

TOME SECOND.

PARIS,
AUGUSTE BOULLAND ET CIE, LIBRAIRE,
RUE DU BATTOIR, N° 12.

1824.

CHOIX DE LETTRES.

Mme DE SÉVIGNÉ.

LETTRE LXXXIX.

MADAME DE SÉVIGNÉ A MADAME DE GRIGNAN.

A Tours, samedi 14 septembre 1675.

J'ai reçu votre lettre à Orléans un moment avant que de partir : ce me fut une grande provision et une grande consolation dans ma navigation. Entre plusieurs choses qui sont agréables dans votre lettre, il y en a une qui m'a touchée : vous me dites que je prends bien des peines pour vous, mais qu'elles ne me coûtent guère, et que c'est le comble des obligations : c'est si bien savoir ce que je pense, que par cela seul, ma chère enfant, je serais trop payée. Je veux vous donner quelque jour le plaisir de lire quelques-unes des lettres que vous m'écrivez.

Je ne sais plus que vous dire de M. de Turenne, ni de Pertuis : je crains que celui-ci ne se console en mon absence. J'avais laissé madame de Vaubrun prête à *devenir folle*; madame de Langeron prête à *mourir*; j'avais assez bien réussi dans tout ce que vous m'aviez *recommandé* (1); mais je ne réponds plus de rien; je ne sais plus rien : j'ai la tête dans un sac. Je sais pourtant que Trèves est pris; je ne crois pas qu'on y ait retrouvé Sanzei : je plains encore plus sa femme. *Quanto gli doveva parere il dubbio buono, se doveva soffrire tanto del certo!* voilà qui doit décider.

Il me semble que M. de la Trousse revient sur sa parole, et qu'il n'a pas beaucoup perdu de son équipage : je le plaindrais s'il n'avait pas retrouvé *les beaux yeux de sa cassette* : cette folie nous est revenue en même temps; je venais de vous l'écrire. Je comprends aisément les douceurs que vous mande madame de Vaudemont : elle est très aimable; j'honore l'amitié que vous

---

(1) Badinage sur le goût de madame de Grignan pour les grandes douleurs.

conservez l'une pour l'autre, malgré tout ce qui vous sépare : je vous loue de continuer fidèlement votre commerce.

J'ai couché cette nuit à Véret; M. d'Effiat savait ma marche; il me vint prendre sur le bord de l'eau avec l'abbé : sa maison passe tout ce que vous avez jamais vu de beau, d'agréable, de magnifique; et le pays est plus charmant qu'*aucune autre qui soit sur la terre habitable* : je ne finirais point. M. et madame de Dangeau y sont venus dîner avec moi, et s'en vont à Valencei. M. d'Effiat vient de nous ramener ici : il n'y a qu'une lieue et demie d'un chemin semé de fleurs; il nous a quittés en vous faisant mille sortes d'amitiés. Je n'ai point de quoi vous écrire, c'est le vilain papier de l'hôtesse qui me force de finir. Nous reprenons demain notre bateau, et nous allons à Saumur.

J'ai vu à Véret des lettres de Paris; on croit que le prince d'Orange veut reprendre Liége : je crains que M. de Luxembourg ne veuille l'empêcher, ou qu'il ne fasse un siége : cela me trouble pour mon pauvre Sévigné. On dit aussi que M. le prince ne veut pas attendre l'hiver en Allemagne, et qu'on y enverra M. de Schomberg. Ma fille, ce n'est plus pour vous apprendre des nouvelles que je vous écris tout cela, c'est pour en causer avec vous. Je me ressouvins l'autre jour à Blois, d'un endroit si beau, où nous nous promenions avec le pauvre petit comte des Chapelles, qui voulait retourner le sonnet d'*Uranie* (1).

Je veux finir mes jours dans l'amour de *Marie.*

Mon dieu, ma chère enfant, que je suis fâchée de vous quitter! Si vous avez M. de Vardes et notre Corbinelli, je ne vous plains point avec cette bonne compagnie. L'histoire des Croisades est fort belle; mais le style du P. Maimbourg me déplaît fort : il sent l'auteur qui a ramassé le délicat des mauvaises ruelles (2).

Faites grâce à mon style en faveur de l'histoire : je le veux bien.

(1) Le fameux sonnet de Voiture.
(2) On avait appelé *ruelles* les assemblées de personnes choisies, qui se tenaient certains jours de la semaine, pour converser sur des choses d'esprit. Pendant la vogue de ces coteries, il y en eut de tout étage et de tout mérite.

LETTRE XC.

A LA MÊME.

Mardi 17 septembre 1675.

Voici une bizarre date. *Je suis dans un bateau, dans le courant de l'eau, fort loin de mon château :* je pense même que je puis achever, *ah, quelle folie !* car les eaux sont si basses, et je suis si souvent engravée, que je regrette mon équipage qui ne s'arrête point et qui va son train. On s'ennuie sur l'eau, quand on y est seule ; il faut un petit comte des Chapelles et une mademoiselle de Sévigné. Mais enfin c'est une folie de s'embarquer, quand on est à Orléans, et peut-être même à Paris ; c'est pour dire une gentillesse : il est vrai cependant qu'on se croit obligé de prendre des bateliers à Orléans, comme à Chartres d'acheter des chapelets.

Je vous ai mandé comme j'avais vu l'abbé d'Effiat dans sa belle maison : je vous écrivis de Tours; je vins à Saumur, où nous vîmes Vineuil; nous repleurâmes M. de Turenne ; il en a été vivement touché ; vous le plaindrez, quand vous saurez qu'il est dans une ville où personne n'a vu le héros. Vineuil est bien vieilli, bien toussant, bien crachant, mais toujours de l'esprit; il vous fait mille et mille compliments. Il y a trente lieues de Saumur à Nantes; nous avons résolu de les faire en deux jours, et d'arriver aujourd'hui à Nantes; dans ce dessein, nous allâmes hier deux heures de nuit : nous nous engravâmes, et nous demeurâmes à deux cents pas de notre hôtellerie, sans pouvoir aborder. Nous revînmes au bruit d'un chien, et nous arrivâmes à minuit dans un *tugurio* plus pauvre, plus misérable qu'on ne peut vous le représenter : nous n'y avons trouvé que deux ou trois vieilles femmes qui filaient, et de la paille fraîche, sur quoi nous avons tous couché sans nous déshabiller; j'aurais bien ri, sans l'abbé, que je meurs de honte d'exposer ainsi à la fatigue d'un voyage. Nous nous sommes rembarqués à la pointe du jour, et nous étions si parfaitement établis dans notre gravier, que nous avons été près d'une heure avant que de reprendre le fil de notre discours : nous voulons, contre vent et marée, arriver à Nantes; nous ramons tous. J'y trouverai de vos lettres; et comme on m'a dit que la poste va passer à Ingrande, je vais y laisser celle-ci chemin faisant. Je me porte très bien, il ne me faudrait qu'un peu de causerie. Je vous écrirai de Nantes, comme vous pouvez penser. Je suis impatiente de savoir de vos nouvelles, et de l'armée de M. de Luxembourg ; cela me tient fort au cœur ; il y a neuf jours que j'ai ma tête dans ce sac. L'histoire des Croisades est très belle, surtout pour ceux qui ont lu le Tasse, et qui revoient leurs vieux amis en prose et en histoire ; mais je suis servante du style de l'auteur. La vie d'Origène est divine (1).

(1) C'est l'ouvrage de Dufossé de Port-Royal. Il venait de paraître avec la *Vie de Tertullien* du même auteur.

LETTRE XCI.

A LA MÊME.

Aux Rochers, dimanche 29 septembre 1675.

Je vous ai écrit, ma fille, de tous les lieux où je l'ai pu ; et comme je n'ai pas eu un soin si exact pour notre cher d'Hacqueville, ni pour mes autres amis, ils ont été dans des peines de moi, dont je leur suis trop obligée : ils ont fait l'honneur à la Loire, de croire qu'elle m'avait abimée : hélas, la pauvre créature ! je serais la première à qui elle eût fait ce mauvais tour ; je n'ai eu d'incommodité que parce qu'il n'y avait pas assez d'eau dans cette rivière. D'Hacqueville me mande qu'il ne sait que vous dire de moi, et qu'il craint que son silence sur mon sujet ne vous inquiète. N'êtes-vous pas trop aimable d'avoir bien voulu paraître assez tendre à mon égard, pour qu'on vous épargne sur les moindres choses? Vous m'avez si bien persuadée la première, que je n'ai eu d'attention qu'à vous écrire très exactement. Je partis donc de la Silleraye le lendemain du jour que je vous écrivis, qui fut le mercredi ; M. de Lavardin me mit en carrosse, et M. d'Harouïs m'accabla de provisions. Nous arrivâmes ici jeudi ; je trouvai d'abord mademoiselle du Plessis plus affreuse, plus folle et plus impertinente que jamais : son goût pour moi me déshonore ; *je jure sur ce fer* de n'y contribuer d'aucune douceur, d'aucune amitié, d'aucune approbation ; je lui dis des rudesses abominables ; mais j'ai le malheur qu'elle tourne tout en raillerie : vous devez en être persuadée après le soufflet dont l'histoire a pensé faire mourir Pomenars de rire. Elle est donc toujours autour de moi ; mais elle fait la grosse besogne ; je ne m'en incommode point ; la voilà qui me coupe des serviettes. J'ai trouvé ces bois d'une beauté et d'une tristesse extraordinaires ; tous les arbres que vous avez vus petits sont devenus grands et droits, et beaux en perfection ; ils sont élagués, et font une ombre agréable ; ils ont quarante ou cinquante pieds de hauteur : il y a un petit air d'amour maternel dans ce détail ; songez que je les ai tous plantés, et que je les ai vus, comme disait M. de Montbazon (1), *pas plus grands que cela*. C'est ici une solitude faite exprès pour y bien rêver ;

---

(1) M. de Montbazon l'avait dit de ses propres enfants.

vous en feriez bien votre profit, et je n'en use pas mal : si les pensées n'y sont pas tout-à-fait noires, elles y sont tout au moins gris-brun ; j'y pense à vous à tout moment : je vous regrette, je vous souhaite : votre santé, vos affaires, votre éloignement, que pensez-vous que tout cela fasse entre chien et loup ? Il faut regarder la volonté de Dieu bien fixement, pour envisager sans désespoir tout ce que je vois, dont assurément je ne vous entretiendrai pas.

Ne soyez point en peine de l'absence d'*Hélène*, *Marie* me fait fort bien ; je ne m'impatiente point ; ma santé est comme il y a six ans : je ne sais d'où me revient cette fontaine de Jouvence : mon tempérament fait précisément ce qui m'est nécessaire : je lis et je m'amuse ; tout cela, avec cette jolie espérance, empêche, comme vous dites, qu'on ne fasse la dépense d'une corde pour se pendre. Je trouvai l'autre jour une lettre de vous, où vous m'appelez *ma bonne maman ;* vous aviez dix ans, vous étiez à Sainte-Marie, et vous me contiez la culbute de madame Amelot, qui de sa salle se trouva dans une cave ; il y a déjà du bon style à cette lettre. J'en ai trouvé mille autres qu'on écrivait à mademoiselle de Sévigné : toutes ces circonstances sont bien heureuses pour me faire souvenir de vous; car sans cela, où pourrais-je prendre cette idée? Je n'ai point reçu de vos lettres le dernier ordinaire, j'en suis toute triste. Je ne sais non plus des nouvelles du coadjuteur, de la Garde, du Mirepoix, du Bellièvre, que si tout était fondu : je m'en vais un peu les réveiller.

N'admirez-vous point le bonheur du roi? on me mande la mort de *Son Altesse, mon père* (1),

---

(1) Charles IV, duc de Lorraine, mort le 17 septembre. Madame de l'Illebonne sa fille, en parlant de lui, disait : *Son Altesse, mon père.*

Ce prince était tout mensonge et tout contradiction. Sa destinée, sa conduite et son caractère ont été bien peints dans une pièce de vers de Pavillon qu'il intitula, *Testament de Charles IV.* Elle finit par cette épitaphe :

 Ci gît un pauvre duc sans terres,
 Qui fut, jusqu'à ses derniers jours,
 Peu fidèle dans ses amours,
 Et moins fidèle dans ses guerres.

 Il donna librement sa foi
 Tour à tour à chaque couronne :
 Il se fit une étrange loi
 De ne la garder à personne.

 Il entreprit tout au hasard,
 Se fit tout blanc de son épée;
 Il fut brave comme César,
 Et malheureux comme Pompée.

qui était un bon ennemi, et que les impériaux ont repassé le Rhin, pour aller défendre l'empereur du Turc, qui le presse en Hongrie : voilà ce qui s'appelle des étoiles heureuses ; cela nous fait craindre en Bretagne de rudes punitions. Je m'en vais voir la bonne Tarente ; elle m'a déjà envoyé deux compliments, et me demande toujours de vos nouvelles ; si elle le prend par là, elle me fera fort bien sa cour. Vous dites des merveilles sur Saint-Thou ; *au moins on ne l'accusera pas de n'avoir conté son songe qu'après son malheur;* cela est plaisant. Je vous plains de ne pas lire toutes vos lettres : mais quoiqu'elles fassent toutes ma chère et unique consolation, que j'en connaisse tout le prix, je suis bien fâchée d'en tant recevoir. Adieu, ma très aimable et très chère ; je reçois fort souvent des lettres de mon fils ; il est bien affligé de ne pouvoir sortir de ce malheureux guidonnage; mais il doit comprendre qu'il y a des gens présents et pressants qu'on a sur les bras, à qui on doit des récompenses, qu'on préférera tou-

  Il se vit toujours maltraité
  Par sa faute et par son caprice;
  On le détrôna par justice,
  On l'enterra par charité.

jours à un absent qu'on croit placé, et qui ne fait simplement que s'ennuyer dans une longue subalternité dont on ne se soucie guère. Ah, que c'est bien précisément ce que nous disions, après une longue navigation se trouver à neuf cents lieues d'un cap, et le reste !

LETTRE XCII.

A LA MÊME.

Aux Rochers, mercredi 2 octobre 1675.

Il y a deux jours que j'ai reçu votre lettre, c'est le dixième jour; je pouvais la recevoir plus tôt: si la poste fût arrivée le mardi à Paris, je l'aurais reçue dès le vendredi, au lieu du lundi: voilà des attentions et des calculs qui me font souvenir du bon Chésières; mais je crois que vous les souffrez, et que vous voyez où ils vont et d'où ils viennent. Votre lettre m'a touchée sensiblement; il me paraît que vous avez senti ce second éloignement; vous m'en parlez avec tendresse; pour moi, j'en ai senti les douleurs, et je les sens encore tous les jours. Il me semblait que nous étions déja assez loin; encore cent lieues d'augmentation m'ont blessé le cœur, et je ne puis m'arrêter sur cette pensée sans avoir grand besoin de vos sermons: ce que vous me dites en deux mots sur le peu de profit que vous en tirez quelquefois vous-même, est d'une tendresse qui me plaît fort. Vous voulez donc aussi que je vous parle de mes bois; la stérilité de mes lettres ne vous en dégoûte point : eh bien, ma fille! je vous dirai que j'y fais honneur à la lune que j'aime, comme vous savez : la Plessis s'en va : le bon abbé craint le serein; moi, je ne l'ai jamais senti; je demeure avec *Beaulieu* et mes laquais jusqu'à huit heures : vraiment, ces allées sont d'une beauté, d'une tranquillité, d'une paix, d'un silence, à quoi je ne puis m'accoutumer. Si je pense à vous, si c'est avec tendresse, si j'y suis sensible, c'est à vous à l'imaginer; il ne m'est pas possible de vous bien le représenter. Je me trouve toute seule fort à mon aise; je crains qu'il ne me vienne des madames, c'est à dire de la contrainte. J'ai été voir la bonne princesse (1); elle me reçut avec joie : le goût qu'elle a pour vous n'est point d'une allemande; elle est touchée de votre personne, et de ce qu'elle croit de votre esprit; elle n'en manque pas à sa manière; elle aime sa fille (2), et en est occupée : elle me conta ce qu'elle souffre

(1) De Tarente.
(2) Charlotte-Émilie-Henriette de la Trémouille, mariée le 29 mai 1680 à Antoine d'Altembourg, comte d'Oldenbourg.

de son absence, et m'en parla comme à la seule personne qui puisse comprendre sa peine.

Voici donc, ma chère enfant, des nouvelles de la cour de Danemarck; je n'en sais plus de la cour de France; mais pour celles de Copenhague, elles ne vous manqueront pas. Vous saurez que cette princesse de la Trémouille est donc favorite du roi et de la reine qui est sa cousine-germaine: il y a un prince, frère du roi, fort joli, fort galant, que nous avons vu en France, qui est passionné de la princesse, et la princesse pourrait peut-être sentir quelque disposition à ne pas le haïr; mais il se trouve un favori qui est tout-puissant, qui s'appelle M. le comte de *Kinghstoghmkllfel*, vous entendez bien (1) : ce

(1) On se doute bien que madame de Sévigné s'amuse à estropier ce nom. Voici le vrai. Le favori dont il s'agit est *Schumaker*, (en français *Cordonnier*,) comte de *Griffenfeldt*, grand-chancelier de Danemarck, très-célèbre dans cette histoire. Les plus grands talents et des services mémorables l'avaient élevé d'une place de petit commis à ces hautes dignités, et à la faveur sans bornes du roi Christiern V. Il était en effet très-amoureux de mademoiselle de la Trémouille, et au point d'avoir renvoyé une princesse du sang qu'il était près d'épouser. Mais ce roman, dont madame de Sévigné ne donne que le premier tome, eut un dénoûment prompt et très-tra-

comte est amoureux de la princesse, mais la princesse le hait ; ce n'est pas qu'il ne soit brave, bien fait, de l'esprit, de la politesse, mais il n'est pas gentilhomme, et cette seule pensée fait évanouir. Le roi est son confident, et voudrait bien faire ce mariage ; la reine soutient sa cousine, et voudrait bien le prince ; mais le roi s'y oppose, et le favori fait sentir à son rival tout le poids de sa jalousie et de sa faveur : la princesse pleure, et écrit à sa mère des lettres de quarante pages ; elle a demandé son congé ; le

gique. Dans l'année 1676, Griffenfeldt fut arrêté, mis en jugement, condamné à perdre la tête, et, par grace, jeté dans une prison, dont il ne sortit, après vingt-trois années, que pour mourir en quelques mois. Exactions, vénalité, haute-trahison ; ce furent ses crimes. Il dut ce malheur, en partie à ses liaisons avec la France. Louis XIV voulant se servir des Suédois contre les Hollandais, son ambassadeur Terlou remuait tout pour empêcher une guerre entre le Danemarck et la Suède. Griffenfeldt le secondait secrètement et contre le vœu du roi, soit qu'il crût gouverner plus facilement son maître dans la paix que dans la guerre, soit qu'il fût gagné par les largesses de Louis. Ce qui parut le plus clair, c'est qu'il abusa de sa supériorité sur son maître, dont les grands seigneurs jaloux surent à propos réveiller et irriter l'orgueil.

roi ni la reine n'y veulent point consentir, chacun par différents intérêts. On éloigne le prince sous divers prétextes, mais il revient toujours : présentement, ils sont tous à la guerre contre les Suédois, se piquant de faire des actions romanesques pour plaire à la princesse : le favori lui dit en partant : « Madame, je vois de quelle « manière vous me traitez, mais je suis assuré « que vous ne me sauriez refuser votre estime. » Voilà le premier tome ; je vous en manderai la suite, et je ne veux pas qu'il y ait dorénavant en France une personne mieux instruite que vous des intrigues de Danemarck. Quand je ne vous parlerai point de cette cour, je vous parlerai de *Pilois* (1), car il n'y a rien entre deux. Ce sont pourtant des secrets que tout ceci; surtout ne dites pas le nom du comte.

Je suis fort aise que vous dormiez à Grignan, et que vous n'y soyez pas si dévorée. Pensez-vous être seule en peine d'une santé? Je songe fort à la vôtre. Vos fleurs et vos promenades me font plaisir. J'espère que j'aurai des bouquets de ce grand jardin que je connais; j'avais dessein de vous demander un peu de vos bons

---

(1) Jardinier des Rochers.

muscats; quelle honte de ne pas m'en offrir ! mais c'est qu'ils ne sont pas encore mûrs.

Ma fille, au nom de Dieu, dites-moi de quel ton vous me parlez du refus de votre portrait que j'ai fait à la sœur de *Quanto* (1); je crois que vous trouvez que j'ai été trop rude; répondez-moi là-dessus : je suivis mon premier mouvement, et je crois que je suis brouillée avec le coadjuteur. On me mande que vous l'aurez bientôt : quand je songe quelle compagnie de campagne il va trouver, j'admire qu'il puisse tant regretter les dames qu'il voit tous les jours. La Trousse est à Paris, comme vous savez; on parle de lui donner la charge de Froulai ; ce serait un pas pour ce pauvre guidon. Il est vrai que cette année est terrible pour le maréchal de Créqui : je trouve, comme vous, qu'il n'est en sûreté ni en repos qu'avec les ennemis ; il a un peu dissipé les légions qu'on lui avait confiées; mais je trouve qu'elles ne lui ont que trop obéi le jour de la bataille.

J'ai oublié de vous dire que cette bonne Tarente me revint voir deux jours après que j'eus été chez elle; ce fut une grande nouvelle dans

---

(1) Madame de Fontevrauld.

le pays; elle fut transportée de votre petit portrait : nos filles qui sont en *Danemarck* nous font une grande causerie; écrivez-moi une douceur pour la princesse, à qui je serai ravie de pouvoir la montrer; c'est elle qui serait mon médecin, si j'étais malade; elle est habile, et m'a promis d'une essence entièrement miraculeuse, qui l'a guérie de ses horribles vapeurs; on en met trois gouttes dans tout ce que l'on veut, et l'on est guéri comme par miracle : ce n'est pas que je ne sois présentement dans une parfaite santé, mais on est aise d'avoir ce remède dans sa cassette. Je trouve que vous oubliez fort la manière de me remercier, qui était si bonne; c'était de vous réjouir avec moi des occasions que j'avais de vous servir : cela était admirable. Je vous prie de faire mes compliments à M. l'archevêque, et d'embrasser M. de Grignan pour moi. Je suis toute à vous, ma très chère : voilà comme vous dites, une belle nouvelle!

LETTRE XCIII.

A LA MÊME.

Aux Rochers, dimanche 29 décembre 1675.

Je vous remercie, ma fille, de conserver quelque souvenir *del paterno nido*. Hélas ! notre château en Espagne serait de vous y voir ; quelle joie ! et pourquoi serait-il impossible de vous revoir dans ces belles allées ? Que dites-vous du mariage de la Mothe (1) ? Ah, Providence ! il en faut revenir là. Madame de Puisieux (2) est ressuscitée ; mais n'est-ce pas mourir deux fois, bien près l'une de l'autre ? car elle a quatre-vingts ans. Madame de Coulanges m'apprend la bonne compagnie de notre quartier ; mais cela ne me presse point d'y retourner plus tôt que je n'ai résolu : je ne m'y sens attirée que par des affaires ; car pour des plaisirs, je n'en espère point, et l'hiver n'est point en ce pays-ci ce que

---

(1) L'une des filles de la maréchale de la Mothe Houdancourt.

(2) Charlotte d'Estampes-Valençai mourut le 8 septembre 1677.

l'on pense; il ne me fait nulle horreur. Mon fils me fait cependant une fort bonne compagnie, et il trouve que j'en suis une aussi; il n'y a nul air de maternité à notre affaire; la princesse en est étonnée, elle qui connait des enfants qui n'ont point d'ame dans le corps. Elle est bien affligée des troupes qui sont arrivées à Vitré; elle espérait, avec raison, d'être exemptée : mais voilà cependant un régiment dans sa ville : c'était une chose plaisante si c'eût été le régiment de Grignan; mais savez-vous qu'il est à la Trinité, c'est-à-dire à Bodégat (1)? J'ai écrit au chevalier (*de Grignan*), non pas pour rien déranger, car tout est réglé, mais afin que l'on traite doucement et honnêtement mon fermier, mon procureur-fiscal et mon sénéchal; cela ne coûtera rien, et me fera grand honneur : cette terre m'est destinée, à cause de votre partage.

Si je vois ici le Castellane (2), je le recevrai fort bien; son nom et le lieu où il a passé l'été me le rendront considérable. L'affaire de mon président va bien; il se dispose à me donner de l'argent : voilà une des affaires que j'avais ici.

(1) Terre qui appartenait à la maison de Sévigné.
(2) Un parent de M. de Grignan.

Celle qu'entreprend l'abbé de la Vergne est digne de lui : vous me le représentez un fort honnête homme.

Ne voulez-vous point lire les *Essais de morale*, et m'en dire votre avis ? Pour moi j'en suis charmée; mais je le suis fort aussi de l'oraison funèbre de M. de Turenne ; il y a des endroits qui doivent avoir fait pleurer tous les assistants : je ne doute pas qu'on ne vous l'ait envoyée ; mandez-moi si vous ne la trouvez pas très belle. Ne voulez-vous point achever *Josèphe?* Nous lisons beaucoup, et du sérieux, et des folies, et de la fable, et de l'histoire. Nous nous faisons tant d'affaires, que nous n'avons pas le temps de nous tourner. On nous plaint à Paris, on croit que nous sommes au coin de notre feu à mourir d'ennui et à ne pas voir le jour : mais, ma fille, je me promène, je m'amuse; ces bois n'ont rien d'affreux ; ce n'est pas d'être ici qu'il faut me plaindre. M. de Coulanges espère beaucoup d'une conversation qu'a eue sa femme avec M. de Louvois : s'il avait l'intendance de Lyon, conjointement avec le beau-père, ce serait un grand bonheur; et voilà le monde ; on ne travaille que pour s'établir à cent lieues de Paris.

Vous me paraissez avoir bien envie d'aller à Grignan; c'est un grand tracas : mais vous recevrez mes conseils quand vous en serez revenue. Ces compliments pour ces deux hommes qui sont chez eux, il y a plus d'un mois, m'ont fait rire. La longueur de nos réponses effraie, et fait bien comprendre l'horrible distance qui est entre nous : ah! ma fille, que je la sens, et qu'elle fait bien toute la tristesse de ma vie! Sans cela, ne serais-je point trop heureuse avec un joli garçon comme celui que j'ai? il vous dira lui-même s'il ne souffre pas d'être éloigné de vous : mais je l'attends, il n'est point encore arrivé; s'il se divertit, il est bien. Adieu, ma très chère et très aimable, parlez-moi de votre santé et de votre beau temps, cela me plaît. J'embrasse M. de Grignan, quand ce serait ce troisième jour de barbe épineuse et cruelle, on ne peut s'exposer de meilleure grace.

LETTRE XCIV.

A LA MÊME.

Aux Rochers, vendredi 17 janvier 1676.

A force de me parler d'un torticolis, vous me l'avez donné. Je ne puis remuer le côté droit ; ce sont de ces petits maux que personne ne plaint, quoiqu'on ne fasse que criailler. Mon fils s'est pâmé de rire ; je lui donnerai sur le nez tout aussitôt que je le pourrai. En attendant, ma chère enfant, je vous embrasse de tout mon cœur avec le bras gauche. Le *frater* va vous conter des *lanternes*.

M. DE SÉVIGNÉ.

Je ne ris point, ainsi que ma mère vous le mande ; mais comme son mal n'est rien qui puisse causer la moindre inquiétude, on la plaint de ses douleurs ; on l'amuse dans son lit ; et du reste on cherche à la soulager autant qu'il est possible. Je crois que vous voulez bien vous reposer sur moi et sur le *bien bon* de tout ce qui regarde une santé qui nous est si précieuse ; soyez tranquille de ce côté-là, ma petite sœur, et croyez que nous serons assurément guéris quand vous commencerez d'être en peine.

Voici l'histoire de notre province. On vous a mandé comme était M. de Coëtquen avec M. de Chaulnes ; il était avec lui ouvertement aux épées et aux couteaux ; il avait présenté au roi des mémoires contre la conduite de M. de Chaulnes, depuis qu'il est gouverneur de cette province. M. de Coëtquen revient de la cour pour se rendre à son gouvernement par ordre du roi : il arrive à Rennes, va voir M. de Pommereuil, et passe, depuis huit heures du matin qu'il est à Rennes jusqu'à neuf heures du soir, sans aller chez M. de Chaulnes ; il n'avait pas même dessein d'y aller, comme il le dit à M. de Coëtlogon, et se faisait un honneur de braver M. de Chaulnes dans sa ville capitale. A neuf heures du soir, comme il était à son hôtellerie, et n'avait plus qu'à se coucher, il entend arriver un carrosse, et voit monter dans sa chambre un homme avec un bâton d'exempt ; c'était le capitaine des gardes de M. de Chaulnes, qui le pria, de la part de son maître, de venir jusqu'à l'évêché : c'est où demeure M. de Chaulnes. M. de Coëtquen descend, et voit vingt-quatre gardes autour du carrosse, qui le mènent sans bruit et en fort bon ordre à l'évêché. Il entre dans l'antichambre de M. de Chaulnes, et y demeure un demi-quart d'heure avec des gens qui avaient ordre de l'y arrêter. M. de Chaulnes paraît enfin, et lui dit : « Monsieur, je vous ai envoyé quérir pour vous « ordonner de faire payer les francs-fiefs dans « votre gouvernement. Je sais, *ajouta-t-il*, ce « que vous avez dit au roi; mais il le fallait prou- « ver; » et tout de suite il lui tourna le dos, et rentra dans son cabinet. Le Coëtquen demeura fort déconcerté, et tout enragé regagna son hôtellerie.

LETTRE XCV.

M. DE SÉVIGNÉ, SOUS LA DICTÉE DE Mme DE SÉVIGNÉ, A LA MÊME.

Aux Rochers, dimanche 2 février 1676.

Nous avons lu vos deux dernières lettres avec un plaisir et une joie qu'on ne peut avoir qu'en les lisant. Nous craignons celles où vous allez faire de grands cris sur le mal que j'ai eu ; premièrement, parce que vous vous en prendrez à moi ; et cela n'est pas juste : tout le monde, en ce pays, a eu des rhumatismes, ou des fluxions sur la poitrine : choisissez. Il y a six semaines que madame de Marbeuf en est dangereusement malade ; ainsi, il fallait bien payer le tribut d'une façon ou d'une autre ; et pour vos inquiétudes et vos frayeurs, elles commencent justement dans le temps qu'il n'y a plus de sujet d'en avoir ; je suis présentement hors de toute fièvre et des douleurs du rhumatisme ; ce qui me reste est d'avoir les mains et les pieds enflés ; en sorte que je ne saurais me guérir, en marchant, de tous les maux que je me suis faits dans le lit; mais cela s'appelle des incommodités, et point du tout des dangers. Ainsi, ma chère enfant, mettez-vous l'esprit en repos : nous ne songeons qu'à reprendre des forces, et à nous en aller à Paris, où je vous donnerai de mes nouvelles. Je ne saurais vous écrire aujourd'hui, j'ai la main droite enflée; pour la gauche, elle ne l'est plus du tout; elle est toute désenflée et toute ridée; ç'a été une joie extraordinaire de la voir en cet état. Je vous assure qu'un rhumatisme est une des plus belles pièces qu'on puisse avoir; j'ai un grand respect pour lui; il a son commencement, son accroissement, son période et sa fin; heureusement c'est à ce dernier terme que nous sommes.

Pour madame de Vins et M. de Pompone, je crois vous les avoir découverts par un côté qui doit vous contenter, puisqu'il me contente. Ils n'ont point voulu paraître tels qu'ils ont été; ils ont leurs raisons, et il faut laisser à nos amis la liberté de nous servir à leur mode. Il me paraît qu'ils ont observé beaucoup de régime et de ménagement du côté de la Provence; il faut sur cela suivre leurs vues et leurs pensées, d'autant plus agréablement, qu'ils ont bien voulu me laisser voir d'ici le dessous des cartes, qui est enchanté pour vous. Ils viennent de m'écrire tous deux sur ma maladie, voyez s'il y a rien de si obligeant! voilà les lettres : gardez-moi donc bien tous mes petits secrets, et gardons-nous bien de nous plaindre des gens dont nous devons nous louer.

Je comprends le bruit et l'embarras que vous avez dans votre *rond* (1). Mandez-moi si le bon homme Sanes joue toujours au piquet, et s'il croit être en vie. Voici le temps qu'il faut se divertir, malgré qu'on en ait; si vous en étiez aussi aise que votre fille l'est de danser, je ne vous plaindrais pas; jamais je n'ai vu une petite fille si dansante naturellement. Au reste, je suis entièrement de votre avis sur les *Essais de morale*; je gronde votre frère : le voilà qui va vous parler.

M. DE SÉVIGNÉ.

Et moi, je vous dis que le premier tome des *Essais de morale* vous paraîtrait tout comme à moi, si la Marans et l'abbé Têtu ne vous avaient accoutumée aux choses fines et distillées. Ce n'est pas d'aujourd'hui que les galimatias vous parais-

(1) C'est un cabinet appelé le *rond*, parce qu'il est pratiqué dans une ancienne tour du palais des comtes de Provence, où était le logement de M. de Grignan à Aix.

sent clairs et aisés : de tout ce qui a parlé de l'homme et de l'intérieur de l'homme, je n'ai rien vu de moins agréable; ce ne sont point là ces portraits où tout le monde se reconnaît. Pascal, la logique de Port-Royal, et Plutarque, et Montaigne, parlent bien autrement : celui-ci parle, parce qu'il veut parler, et souvent il n'a pas grand'chose à dire. Je vous soutiens de plus que ces deux premiers actes de l'opéra sont jolis, et au-dessus de la portée ordinaire de Quinault; j'en ai fait tomber d'accord ma mère; mais elle veut vous en parler elle-même. Dites-nous ce que vous y trouvez de si mauvais, et nous vous y répondrons, au moins sur ces premiers actes, car pour l'assemblée des fleuves, je vous l'abandonne.

LETTRE XCVI.

MADAME DE SÉVIGNÉ A MADAME DE GRIGNAN.

Aux Rochers, dimanche 8 mars 1676.

Ah! vous pouvez bien le croire, que si ma main voulait écrire, ce serait assurément pour vous; mais j'ai beau lui proposer, je ne trouve pas qu'elle le veuille. Cette longueur me désole; je n'écris pas une ligne à Paris, si ce n'est l'autre jour à d'Hacqueville, pour le remercier de cette lettre de Davonneau, dont j'étais transportée; c'était à cause de vous; car pour tout le reste, je n'y pense pas. Je vous garde mon griffonnage; quoique vous ayez décidé la question, je crois que vous l'aimez mieux que de n'en voir point du tout. Il faudra donc bien que les autres m'excusent;

Car je n'ai qu'un filet de voix,
Et ne chante que pour Sylvie.

Voilà mon petit secrétaire, aimable et joli, qui vient au secours de ma main tremblotante.

Je vous aime trop, mon enfant, de m'offrir de
venir passer l'été avec moi; je crois fermement
que vous le feriez, comme vous le dites; et sans
les petites incommodités que j'ai, je me résou-
drais fort agréablement à voir partir le bon abbé
dans quinze jours, et à passer l'été dans ce beau
désert avec une si divine compagnie : mais l'affaire de M. de Mirepoix me décide; car, fran-
chement, je crois que j'y serai. Je m'en irai donc
clopin-clopant, à petites journées, jusqu'à Paris.
Je disais, pendant mon grand mal, que si vous
eussiez été libre, vous étiez une vraie femme,
sachant l'état où j'étais, à vous trouver un beau
matin au chevet de mon lit. Voyez, ma chère,
quelle opinion j'ai de votre amitié, et si ma confiance n'est point comme vous pouvez la désirer.
Je vous avoue que je suis ravie de votre bonne
santé; elle me donne du courage pour perfec-
tionner la mienne; sans cela j'aurais tout aban-
donné : mais j'entrevois tant de choses qui peuvent me donner la joie de vous voir et de vous
servir dans vos affaires, que je ne balance pas à
mettre tout mon soin au parfait rétablissement
de ma santé. Je prends goût à la vie du petit garçon, je voudrais bien qu'il ne mourût pas. Vous
me faites une peinture de Vardes, qui est char-

mante; vous ne devez souhaiter personne pour la faire, votre pinceau vaut celui de Mignard. J'aurais cru, au récit du décontenancement de Vardes, qu'il était rouillé pour quelqu'un; mais je vois bien, puisqu'il n'y avait que vous, que l'honneur de cet embarras n'est dû qu'à onze années de province (1). Je trouve que le cardinal de Bonzi ne doit pas se plaindre, quand on ne dit que cela de ses yeux. Je suis fâchée que le bon homme Sanes se soit fait enterrer; c'était un plaisir de le voir jouer au piquet, aussi sec qu'il l'est présentement : *combatteva tutta via, ed era morto.*

J'ai bien envie que vous fassiez réponse à la bonne princesse; il me semble que vous n'avez pas assez senti l'honnêteté de sa lettre. Mandez-moi, ma chère enfant, en quel état vous êtes relevée, et si vous avez le teint beau : j'aime à savoir des nouvelles de votre personne. Pour moi, je vous dirai que mon visage, depuis quinze jours, est quasi tout revenu; je suis d'une taille qui vous surprendrait; je prends l'air, et me

---

(1) M. de Vardes était exilé de la cour depuis plusieurs années, dans son gouvernement d'Aigues-Mortes en Languedoc.

promène sur *les pieds de derrière*, comme une autre. Je mange avec appétit; mais j'ai retranché le souper pour toujours; de sorte qu'à la réserve de mes mains, et de quelque douleur par-ci, par-là, qui va et vient, et me fait souvenir agréablement du cher rhumatisme, je ne suis plus digne d'aucune de vos inquiétudes. N'en ayez donc plus, je vous en conjure; et croyez qu'en quelque état que je sois, et que j'aie été, votre souvenir et votre amitié font toute mon occupation. Je viens de recevoir une lettre du cardinal; il m'assure qu'il se porte mieux : c'est une santé qui m'est bien chère. J'ai reçu aussi mille compliments de tous les Grignans. Le chevalier avait tout sujet d'espérer, après la bonne conversation qu'il avait eue avec son maître. Adieu, ma très chère enfant, ne craignez point que je retombe; je suis passée de l'excès de l'insolence pour la santé, à l'excès de la timidité. Ce pauvre Lauzun ne vous fait-il pas grande pitié de n'avoir plus à faire son trou (1)? Ne croyez-vous pas bien qu'il se cassera la tête contre la muraille? Je suis toujours contente des *Essais de morale ;* et quand

---

(1) M. de Lauzun fut découvert travaillant à faire un trou dans sa prison à Pignerol.

vous avez cru que le sentiment de certaines gens me ferait changer, vous m'avez fait tort. *La manière de tenter Dieu* nous presse un peu de faire pour notre salut ce que nous faisons souvent par amour-propre. Je trouve le coadjuteur et vous admirables sur ce sujet; si vous faisiez vos dévotions tous les jours, vous seriez des saints : mais vous ne voulez pas; et voilà cette volonté dont saint Augustin parle si bien dans ses confessions. J'admire, ma fille, où l'envie de causer m'a conduite.

LETTRE XCVII.

À LA MÊME.

A Paris, mercredi 8 avril 1676.

Je suis mortifiée et triste de ne pouvoir vous écrire tout ce que je voudrais; je commence à souffrir cet ennui avec impatience. Je me porte très bien; le changement d'air me fait des miracles; mais mes mains ne veulent point encore prendre part à cette guérison. J'ai vu tous nos amis et amies. Je garde ma chambre, et je suivrai vos conseils; je mettrai désormais ma santé et mes promenades devant toutes choses. Le chevalier (*de Grignan*) cause fort bien avec moi jusqu'à onze heures; il est très aimable. J'ai obtenu de sa modestie de me parler de sa campagne, et nous avons repleuré M. de Turenne. Le maréchal de Lorges n'est-il point trop heureux? Les dignités, les grands biens et une très jolie femme. On l'a élevée comme devant être un jour une grande dame. La fortune est jolie; mais je ne lui pardonne point les rudesses qu'elle a pour nous tous.

M. DE CORBINELLI.

J'arrive, Madame, et je veux soulager cette main tremblotante; elle reprendra la plume quand il lui plaira: elle veut vous dire une folie de M. d'Armagnac. Il était question de la dispute des princes et des ducs pour la Cène; voici comme le roi l'a réglé: immédiatement après les princes du sang, M. de Vermandois a passé, et puis toutes les dames, et puis M. de Vendôme et quelques ducs; les autres ducs et les princes Lorrains ayant eu permission de s'en dispenser. Là-dessus, M. d'Armagnac ayant voulu reparler au roi sur cette disposition, le roi lui fit comprendre qu'il le voulait ainsi. M. d'Armagnac lui dit: *Sire, le charbonnier est maître à sa maison.* On a trouvé cela fort plaisant; nous le trouvons aussi, et vous le trouverez comme nous.

MADAME DE SÉVIGNÉ.

Je n'aime point à avoir des secrétaires qui aient plus d'esprit que moi; ils font les entendus; je n'ose leur faire écrire toutes mes sottises; la petite fille m'était bien meilleure. J'ai toujours dessein d'aller à Bourbon; j'admire le plaisir qu'on prend à m'en détourner, sans savoir pourquoi, malgré l'avis de tous les médecins.

Je causais hier avec d'Hacqueville, sur ce que vous dites que vous viendrez m'y voir : je ne vous dis point si je le désire ; ni combien je regrette de passer ma vie sans vous. Il semble qu'on en ait une autre, où l'on réserve de se voir et de jouir de sa tendresse ; et cependant, c'est notre présent et notre tout que nous dissipons ; et l'on trouve la mort : je suis touchée de cette pensée ; mais, malgré l'envie que j'ai d'être avec vous, si la dépense de ce voyage empêchait celui de cet hiver, je ne le voudrais pas, et j'aimerais mieux vous voir plus long-temps, car je n'espère point d'aller à Grignan : le bon abbé n'y veut point aller, il a mille affaires ici, et craint le climat. Or, je n'ai pas trouvé dans mon traité de l'ingratitude, qu'il me fût permis de le quitter dans l'âge où il est ; et comme je ne puis douter que cette séparation ne lui arrachât le cœur et l'ame, mes remords ne me donneraient aucun repos, s'il mourait dans cette absence : ce serait donc pour trois semaines que nous nous ôterions le moyen de nous voir plus long-temps. Démêlez cela dans votre esprit, et suivant vos desseins, et suivant vos affaires ; mais songez qu'en quelque temps que ce soit, vous devez à mon amitié, et à l'état où j'ai été, la sensible consolation de vous voir. Si vous vouliez revenir ici avec moi de Bourbon, cela serait admirable, nous passerions notre automne ici ou à Livry; et cet hiver, M. de Grignan viendrait nous voir et nous reprendre. Voilà qui serait le plus aisé, le plus naturel et le plus désirable pour moi; car enfin, vous devez me donner un peu de votre temps pour l'agrément et le soutien de ma vie. Rangez tout cela dans votre tête; il n'y a point de temps à perdre; je partirai pour Bourbon ou pour Vichi dans le mois qui vient.

Vous voulez que je vous parle de ma santé, elle est très bonne, hormis mes mains et mes genoux, où je sens quelques douleurs. Je dors bien, je mange bien, mais avec retenue; on ne m'éveille plus; j'appelle, on me donne ce que je demande, on me tourne et je m'endors. Je commence à manger de la main gauche; c'était une chose ridicule de me voir *imboccar da i sergenti;* et pour écrire, vous voyez où j'en suis maintenant (1). On me dit mille biens de

(1) madame de Sévigné commençait à reprendre son écriture ordinaire, mais d'une main encore mal assurée.

Vichi, et je crois que je l'aimerai mieux que Bourbon, par deux raisons; l'une, qu'on dit que madame de Montespan va à Bourbon; et l'autre, que Vichi est plus près de vous; en sorte que, si vous y veniez, vous auriez moins de peine, et que si le *bien bon* changeait d'avis, nous serions plus près de Grignan. Enfin, ma très chère, je reçois dans mon cœur la douce espérance de vous voir; c'est à vous à disposer de la manière, et surtout que ce ne soit pas pour quinze jours; ce serait trop de peine et trop de regret pour si peu de temps. Vous vous moquez de Villebrune; il ne m'a pourtant rien conseillé que l'on ne me conseille ici. Je m'en vais faire suer mes mains; et pour l'équinoxe, si vous saviez l'émotion qui arrive quand ce grand mouvement se fait, vous reviendriez de vos erreurs. Le *Frater* s'en ira bientôt à sa brigade, et de là à *matines* (1). Il y a six jours que je suis dans ma chambre à faire l'entendue, à me reposer. Je reçois tout le monde; il m'est venu des Soubise, des Sully, à cause de vous. On ne parle point du tout d'envoyer M. de Vendôme en Provence.

(1) M. de Sévigné s'arrêtait volontiers en allant et en revenant chez une abbesse de sa connaissance.

Il dit au roi, il y a huit jours : « Sire, j'espère
« qu'après la campagne, Votre Majesté me per-
« mettra d'aller dans le Gouvernement qu'elle
« m'a fait l'honneur de me donner. Monsieur,
« *lui dit le roi*, quand vous saurez bien gouver-
« ner vos affaires, je vous donnerai le soin des
« miennes. » Et cela finit tout court. Adieu, ma
très chère enfant ; je reprends dix fois la plume ;
ne craignez point que je me fasse mal à la main.

LETTRE XCVIII.

A LA MÊME.

A Paris, vendredi 10 avril 1676.

Plus j'y pense, ma fille, plus je trouve que je ne veux point vous voir pour quinze jours. Si vous venez à Vichi ou à Bourbon, il faut que ce soit pour venir ici avec moi; nous y passerons le reste de l'été et l'automne; vous me gouvernerez, vous me consolerez; et M. de Grignan viendra vous voir cet hiver, et fera de vous à son tour tout ce qu'il trouvera à propos. Voilà comme on fait une visite à une mère que l'on aime, voilà le temps qu'on lui donne, voilà comme on la console d'avoir été bien malade, et d'avoir encore mille incommodités, et d'avoir perdu la jolie chimère de se croire immortelle (1); elle commence présentement à se douter de quelque chose, et qu'elle pourrait bien un jour passer dans la barque comme les autres. Enfin, au lieu de ce voyage de Bretagne, que vous avez

(1) C'était la première maladie de madame de Sévigné.

une si grande envie de faire, je vous propose et vous demande celui-ci.

Mon fils s'en va, j'en suis triste, et je sens cette séparation. On ne voit à Paris que des équipages qui partent (1) : les cris sur la disette d'argent sont encore plus vifs qu'à l'ordinaire; mais il ne demeurera personne, non plus que les années passées. Le chevalier est parti sans vouloir me dire adieu; il m'a épargné un serrement de cœur, car je l'aime sincèrement. Vous voyez que mon écriture prend sa forme ordinaire : toute la guérison de ma main se renferme dans l'écriture; elle sait bien que je la quitterai volontiers du reste d'ici à quelque temps. Je ne puis rien porter; une cuiller me paraît la machine du monde; et je suis encore assujétie à toutes les dépendances les plus fâcheuses et les plus humiliantes que vous puissiez vous imaginer : mais je ne me plains de rien, puisque je vous écris. La duchesse de Sault vient me voir comme une de mes anciennes amies; je lui plais : elle vint une seconde fois avec madame de Brissac; il faudrait

---

(1) Un congrès avait été assemblé à Nimègue en juillet 1675; mais, quoiqu'il continuât, la paix n'en était pas plus avancée.

des volumes pour vous conter les propos de cette dernière : madame de Sault vous plairait et vous plaira. Je garde ma chambre très fidèlement, et j'ai remis mes Pâques à dimanche, afin d'avoir dix jours à me reposer. Madame de Coulanges apporte au coin de mon feu les restes de sa petite maladie : je lui portai hier mon mal de genou et mes pantoufles. On y envoya ceux qui me cherchaient ; ce fut des Schomberg, des Senneterre, des Cœuvre, et mademoiselle de Méri, que je n'avais point encore vue. Elle est, à ce qu'on dit, très bien logée ; j'ai fort envie de la voir dans son château. Ma main veut se reposer ; je lui dois cette complaisance pour celle qu'elle a pour moi.

LETTRE XCIX.

A LA MÊME.

A Paris, dimanche 26 avril 1676.

Il faut commencer par vous dire que Condé fut pris d'assaut la nuit de samedi à dimanche. D'abord cette nouvelle fait battre le cœur; on croit avoir acheté cette victoire; point du tout, ma belle, elle ne nous coûte que quelques soldats, et pas un homme qui ait un nom. Voilà ce qui s'appelle un bonheur complet. Larei, fils de M. Lainé, qui fut tué en Candie, ou son frère, est blessé assez considérablement. Vous voyez comme on se passe bien des vieux héros.

Madame de Brinvilliers n'est pas si aise que moi; elle est en prison, elle se défend assez bien; elle demanda hier à jouer au piquet, parce qu'elle s'ennuyait. On a trouvé sa confession : elle nous apprend qu'elle avait empoisonné son père, ses frères, un de ses enfants et elle-même; mais ce n'était que pour essayer d'un contre-poison : Médée n'en avait pas tant fait. Elle a reconnu que cette confession est de son écriture, c'est une grande sottise, mais qu'elle avait la fièvre chaude quand elle l'avait écrite ; que c'était une frénésie, une extravagance, qui ne pouvait pas être lue sérieusement.

La reine a été deux fois aux Carmélites avec *Quanto* ; cette dernière se mit à la tête de faire une loterie, elle se fit apporter tout ce qui peut convenir à des religieuses ; cela fit un grand jeu dans la communauté. Elle causa fort avec sœur Louise de la Miséricorde (*madame de la Vallière*) ; elle lui demanda si tout de bon elle était aussi aise qu'on le disait. *Non*, répondit-elle, *je ne suis point aise ; mais je suis contente*. *Quanto* lui parla fort du frère de MONSIEUR, et si elle voulait lui mander quelque chose, et ce qu'elle dirait pour elle. L'autre, d'un ton et d'un air tout aimable, et peut-être piquée de ce style : *tout ce que vous voudrez, Madame, tout ce que vous voudrez*. Mettez dans cela toute la grace, tout l'esprit et toute la modestie que vous pourrez imaginer. *Quanto* voulut ensuite manger ; elle envoya acheter ce qu'il fallait pour une sauce qu'elle fit elle-même, et qu'elle mangea avec un appétit admirable : je vous dis le fait sans aucune paraphrase. Quand je pense à une certaine lettre que vous m'écrivîtes l'été passé sur

M. de Vivonne, je prends pour une satire tout ce que je vous envoie. Voyez un peu où peut aller la folie d'un homme qui se croirait digne de ces hyperboliques louanges !

A MONSIEUR DE GRIGNAN.

Je crois, M. le comte, que vous comprenez assez l'envie que j'ai de voir madame votre femme. Sans être le *charbonnier* chez vous, je trouve que par un style tout opposé, vous êtes plus le maître que tous les *charbonniers du monde*. Rien ne se préfère à vous, en quelque état que l'on puisse être : mais soyez généreux, et quand on aura fait encore quelque temps la bonne femme, amenez-la vous-même par la main faire la bonne fille. C'est ainsi qu'on s'acquitte de tous ses devoirs, et c'est le seul moyen de me redonner la vie, et de me persuader que vous m'aimez autant que je vous aime.

LETTRE C.

A LA MÊME.

A Paris, vendredi 1ᵉʳ mai 1676.

Je commence par remercier mille fois M. de Grignan de la jolie robe qu'il m'a donnée ; je n'en ai jamais vu de plus agréable. Je m'en vais la faire ajuster pour me parer cet hiver, et tenir mon coin dans votre chambre. Je pense souvent, aussi bien que vous, à nos soirées de l'année passée ; mais qui nous empêchera d'en refaire cet hiver de pareilles, si vous le souhaitez autant que moi ? On est frappé ici d'étonnement à la vue de votre portrait ; il est certain qu'il est encore embelli ; sa toile s'est imbibée, en sorte qu'il est dans sa perfection : si vous en doutez, ma fille, venez-y voir. Il court depuis quelques jours un bruit, dont tout le monde m'envoie demander des nouvelles. On dit que M. de Grignan a ordre d'aller pousser par les épaules le vice-légat hors d'Avignon : je ne le croirai point que vous ne l'ayez mandé. Les Grignans auraient l'honneur d'être les premiers excommuniés, si cette guerre commençait; car l'abbé de Grignan, de ce côté-ci, a ordre de sa Majesté de défendre aux prélats d'aller voir M. le nonce. Je ne me presse point de partir, car je sais que le mois de juin est meilleur que celui de mai pour boire des eaux : je partirai le dix ou le onze de ce mois. Madame de Montespan est partie pour Bourbon. Madame de Thianges est allée avec elle jusqu'à Nevers, où M. et madame de Nevers doivent la recevoir. Mon fils me mande qu'ils vont assiéger Bouchain avec une partie de l'armée, pendant que le roi, avec un plus grand nombre, se tiendra prêt à recevoir et à battre M. le prince d'Orange. Il y a cinq ou six jours que le chevalier d'Humières est hors de la Bastille; son frère a obtenu cette grace. On ne parle ici que des discours, et des faits, et des gestes de la Brinvilliers. A-t-on jamais vu craindre d'oublier dans sa confession d'avoir tué son père? Les peccadilles qu'elle craint d'oublier sont admirables. Elle aimait ce Sainte-Croix, elle voulait l'épouser, et empoisonnait fort souvent son mari à cette intention (1). Sainte-

(1) Cette circonstance romanesque paraît fausse. L'arrêt du parlement contre la Brinvilliers ne fait aucune mention de ce crime. Il ne parle que du père, des deux frères et de la sœur de cette femme atroce.

Croix, qui ne voulait point d'une femme aussi méchante que lui, donnait du contre-poison à ce pauvre mari, de sorte qu'ayant été ballotté cinq ou six fois, tantôt empoisonné, tantôt désempoisonné, il est demeuré en vie, et il s'offre présentement de venir solliciter pour sa chère moitié : on ne finirait point sur toutes ces folies.

LETTRE CI.

A LA MÊME.

A Paris, dimanche au soir 10 mai 1676.

Je pars demain à la pointe du jour, et je donne ce soir à souper à madame de Coulanges, son mari, madame de la Troche, M. de la Trousse, mademoiselle de Montgeron et Corbinelli, qui viendront me dire adieu en mangeant une tourte de pigeons. La bonne d'Escars part avec moi; et comme le *bien bon* a vu qu'il pouvait mettre ma santé entre ses mains, il a pris le parti d'épargner la fatigue de ce voyage, et de m'attendre ici, où il a mille affaires; il m'y attendra avec impatience; car je vous assure que cette séparation, quoique petite, lui coûte beaucoup, et je crains pour sa santé; les serrements de cœur ne sont pas bons quand on est vieux. Je ferai mon devoir pour le retour, puisque c'est la seule occasion dans ma vie où je puisse lui témoigner mon amitié, en lui sacrifiant jusqu'à la pensée seulement d'aller à Grignan. Voilà précisément l'un de ces cas où l'on fait céder ses plus tendres sentiments à la reconnaissance.

Il vous reviendra cinq ou six cents pistoles de la succession de notre oncle de Sévigné, que je voudrais que vous eussiez toutes prêtes pour cet hiver. Je ne comprends que trop les embarras que vous pouvez trouver pour les dépenses que vous êtes obligée de faire, et je ne pousse rien sur le voyage de Paris, persuadée que vous m'aimez assez, et que vous souhaitez assez de me voir pour y faire au monde tout ce que vous pourrez. Vous connaissez d'ailleurs tous mes sentiments sur votre sujet, et combien la vie me paraît triste sans avoir une personne que j'aime si tendrement. Ce sera une chose fâcheuse, si M. de Grignan est obligé de passer l'été à Aix, et une grande dépense, ne fût-ce qu'à cause du jeu, qui fait un article de la vôtre assez considérable. J'admire la fortune; c'est le jeu qui soutient M. de la Trousse. Vous avez donc cru être obligée de vous faire saigner; la petite main tremblante de votre chirurgien me fait trembler. M. le prince disait une fois à un nouveau chirurgien : « Ne « tremblez-vous point de me saigner ? Pardi, « Monseigneur, c'est à vous de trembler; » il disait vrai. Vous voilà donc bien revenue du café : mademoiselle de Méri l'a aussi chassé de chez elle assez honteusement : après de telles disgraces, peut-on compter sur la fortune? Je suis persuadée que ce qui échauffe, est plus sujet à ces sortes de revers que ce qui rafraîchit : il faut toujours en revenir là ; et afin que vous le sachiez, toutes mes sérosités viennent si droit de la chaleur de mes entrailles, qu'après que Vichi les aura consumées, on va me rafraîchir plus que jamais par des eaux, par des fruits, et après, tous mes lavages que vous connaissez. Prenez ce régime plutôt que de vous brûler, et conservez votre santé d'une manière que ce ne soit point par là que vous puissiez être empêchée de venir me voir. Je vous demande cette conduite pour l'amour de votre vie, et pour que rien ne traverse la satisfaction de la mienne.

Je vais me coucher, ma fille, voilà ma petite compagnie qui vient de partir. Mesdames de Pompone, de Vins, de Villars et de Saint-Géran ont été ici ; j'ai tout embrassé pour vous. Madame de Villars a fort ri de ce que vous lui mandez : *j'ai un mot à lui dire ;* cela ne peut se payer. Je pars demain à cinq heures ; je vous écrirai de tous les lieux où je passerai. Je vous embrasse de tout mon cœur : je suis fâchée que l'on ait profané cette façon de parler ; sans cela, elle serait digne d'expliquer de quelle façon je vous aime.

LETTRE CII.

A LA MÊME.

A Vichi, mercredi, 20 mai 1676.

J'ai donc pris des eaux ce matin, ma très-chère ; ah, qu'elles sont mauvaises ! J'ai été prendre *le chanoine*, qui ne loge point avec madame de Brissac. On va à six heures à la fontaine : tout le monde s'y trouve, on boit, et l'on fait une fort vilaine mine ; car imaginez-vous qu'elles sont bouillantes, et d'un goût de salpêtre fort désagréable. On tourne, on va, on vient, on se promène, on entend la messe, on rend ses eaux, on parle confidemment de la manière dont on les rend : il n'est question que de cela jusqu'à midi. Enfin, on dîne ; après dîner, on va chez quelqu'un : c'était aujourd'hui chez moi. Madame de Brissac a joué à l'hombre avec Saint-Hérem et Planci ; *le chanoine* et moi, nous lisons l'Arioste ; elle a l'italien dans la tête, elle me trouve bonne. Il est venu des demoiselles du pays avec une flûte, qui ont dansé la bourrée dans la perfection. A cinq heures, on va se promener dans des pays délicieux ; à sept heures, on soupe légèrement, on se couche à dix. Vous en savez présentement autant que moi. Je me suis assez bien trouvée de mes eaux, j'en ai bu douze verres; elles m'ont un peu purgée, c'est tout ce qu'on désire. Je prendrai la douche dans quelques jours. Je vous écrirai tous les soirs ; ce m'est une consolation, et ma lettre partira quand il plaira à un petit messager qui apporte les lettres, et qui veut partir un quart d'heure après : la mienne sera toujours prête. L'abbé Bayard vient d'arriver de sa jolie maison, pour me voir : c'est le *Druide* Adamas de cette contrée.

LETTRE CIII.

A LA MÊME.

A Vichi, jeudi 28 mai 1676.

Je reçois deux de vos lettres; l'une me vient du côté de Paris, et l'autre de Lyon. Vous êtes privée d'un grand plaisir, de ne jamais faire de pareilles lectures : je ne sais où vous prenez tout ce que vous dites; mais cela est d'un agrément et d'une justesse à quoi l'on ne s'accoutume point. Vous avez raison de croire que j'écris sans effort, et que mes mains se portent mieux : elles ne se ferment point encore, et le dedans des mains est fort enflé, et les doigts aussi. Cela me fait trembler, et me donne la plus mauvaise grace du monde dans l'air des bras et des mains : une circonstance qui me console un peu, c'est que je tiens ma plume sans peine. J'ai commencé aujourd'hui la douche; c'est une assez bonne répétition du purgatoire. On est toute nue dans un petit lieu souterrain, où l'on trouve un tuyau de cette eau chaude, qu'une femme vous fait aller où vous voulez. Cet état, où l'on conserve à peine une feuille de figuier pour tout habillement, est une chose assez humiliante. J'avais voulu mes deux femmes-de-chambre, pour voir encore quelqu'un de connaissance. Derrière un rideau se met quelqu'un qui vous soutient le courage pendant une demi-heure ; c'était pour moi un médecin de Gannet, que madame de Noailles a mené à toutes ses eaux, qu'elle aime fort, qui est un fort honnête garçon, point charlatan ni préoccupé de rien, qu'elle m'a envoyé par pure et bonne amitié. Je le retiens, m'en dût-il coûter mon bonnet ; ceux d'ici me sont insupportables, et cet homme m'amuse. Il ne ressemble point à un vilain médecin, il ne ressemble point aussi à celui de Chelles ; il a de l'esprit, de l'honnêteté ; il connaît le monde ; enfin, j'en suis contente. Il me parlait donc pendant que j'étais au supplice : représentez-vous un jet d'eau bouillante contre quelqu'une de vos pauvres parties. On met d'abord l'alarme partout pour mettre en mouvement tous les esprits ; et puis on s'attache aux jointures qui ont été affligées : mais quand on vient à la nuque du cou, c'est une sorte de feu et de surprise qui ne peut se comprendre ; c'est là cependant le nœud de l'affaire. Il faut tout souffrir, et l'on souffre tout, et l'on n'est point brûlée, et on se met ensuite dans un lit chaud, où l'on sue abondamment, et voilà ce qui guérit. Mon médecin m'est alors encore fort bon; car au lieu de m'abandonner à deux heures d'un ennui qui ne peut se séparer de la sueur, je le fais lire et cela me divertit. Enfin, je ferai cette vie sept ou huit jours, pendant lesquels je croyais boire; mais on ne veut pas, ce serait trop de choses; de sorte que c'est une petite allonge à mon voyage. C'est principalement pour finir cet adieu, et faire une dernière lessive, que l'on m'a envoyée ici, et je trouve qu'il y a de la raison : c'est comme si je renouvelais un bail de vie et de santé; et si je puis vous revoir et vous embrasser encore dans la tendresse et la joie de mon cœur, vous pourrez peut-être encore m'appeler votre *bellissima madre*, et je ne renoncerai pas à la qualité de *mère-beauté*, dont M. de Coulanges m'a honorée. Enfin, ma chère enfant, il dépendra de vous de me ressusciter de cette manière.

J'ai senti douloureusement le 24 de ce mois (1); je l'ai marqué par un souvenir trop tendre; ces

(1) Le 24 du mois de mai de l'année 1675, qui fut le jour où elle se sépara de madame de Grignan à Fontainebleau.

jours-là ne s'oublient pas facilement; mais il y aurait bien de la cruauté à ne vouloir plus me voir, et à me refuser la satisfaction d'être avec vous, pour m'épargner le déplaisir d'un adieu. Je vous conjure, ma fille, de raisonner d'une autre manière, et de trouver bon que d'Hacqueville et moi nous ménagions si bien le temps de votre congé, que vous puissiez être à Grignan assez long-temps, et en avoir encore pour revenir. Quelle obligation ne vous aurai-je point, si vous songez à me redonner dans l'été qui vient ce que vous m'avez refusé dans celui-ci? Il est vrai que de vous voir pour quinze jours m'a paru une peine, et pour vous, et pour moi; et j'ai trouvé plus raisonnable de vous laisser garder toutes vos forces pour cet hiver, puisqu'il est certain que la dépense de Provence étant supprimée, vous n'en faites pas plus à Paris : mais je n'ai quitté en nulle manière du monde l'espérance de vous voir; car je vous avoue que je la sens nécessaire à la conservation de ma santé et de ma vie. Parlez-moi du *Pichon*, est-il encore timide? N'avez-vous point compris ce que je vous ai mandé là-dessus? Le mien n'était point à Bouchain; il a été spectateur des deux armées rangées si long-temps en bataille. Voilà la seconde fois qu'il n'y manque rien que la petite circonstance de se battre : mais comme deux procédés valent un combat, je crois que deux fois à la portée du mousquet valent une bataille. Quoi qu'il en soit, l'espérance de revoir le pauvre baron gai et gaillard, m'a bien épargné de la tristesse. C'est un grand bonheur que le prince d'Orange n'ait point été touché du plaisir et de l'honneur d'être vaincu par un héros comme le nôtre. On vous aura mandé comme nos guerriers, amis et ennemis, se sont vus galamment *nell' uno, nell' altro campo*, et se sont fait des présents.

On me mande que le maréchal de Rochefort est très bien mort à Nanci, sans être tué que de la fièvre double tierce. N'est-il pas vrai que les petits ramoneurs sont jolis (1)? On était bien las des amours. Si vous avez encore mesdames de Buous, je vous prie de leur faire mes compliments, et surtout à la mère; les mères se doivent cette préférence. Madame de Brissac s'en va bientôt; elle me fit l'autre jour de grandes plaintes de votre froideur pour elle. Nous demeurons ici,

(1) Il s'agissait d'un papier d'éventail que madame de Sévigné avait envoyé à madame de Grignan par le chevalier de Buous.

la bonne d'Escars et moi, pour achever nos remèdes. Dites-lui toujours quelque chose ; vous ne sauriez comprendre les soins qu'elle a de moi. Je ne vous ai point dit combien vous êtes célébrée ici, et par le bon Saint-Hérem, et par Bayard, et par les Brissac et Longueval. D'Hacqueville me mande toujours des nouvelles de la santé de mademoiselle de Méri ; on aurait peur, si elle avait la fièvre, mais j'espère qu'elle s'en tirera, comme elle a fait tant d'autres fois. On me fait prendre tous les jours de l'eau de poulet ; il n'y a rien de plus simple ni de plus rafraîchissant : je voudrais que vous en prissiez pour vous empêcher de brûler à Grignan. Vous me dites de plaisantes choses sur le beau médecin de Chelles. Le conte des deux grands coups d'épée pour affaiblir son homme est fort bien appliqué. Je suis toujours en peine de la santé de notre cardinal ; il s'est épuisé à lire : eh, mon Dieu ! n'avait-il pas tout lu ? Je suis ravie, ma fille, quand vous parlez avec confiance de l'amitié que j'ai pour vous ; je vous assure que vous ne sauriez trop croire combien vous faites toute la joie, tout le plaisir et toute la tristesse de ma vie.

LETTRE CIV.

A LA MÊME.

A Vichi, lundi au soir 1er juin 1676.

Allez vous promener, madame la comtesse, de venir me proposer de ne point vous écrire; apprenez que c'est ma joie, et le plus grand plaisir que j'aie ici. Voilà un plaisant régime que vous me proposez ! laissez-moi conduire cette envie en toute liberté, puisque je suis si contrainte sur les autres choses que je voudrais faire pour vous. Je prends mon temps ; et la manière dont vous vous intéressez à ma santé m'empêche bien de vouloir y faire la moindre altération. Vos réflexions sur les sacrifices que l'on fait à la raison, sont fort justes dans l'état où nous sommes : il est bien vrai que le seul amour de Dieu peut nous rendre heureux en ce monde et en l'autre ; il y a très long-temps qu'on le dit : mais vous y avez donné un tour qui m'a frappée.

C'est un beau sujet de méditation que la mort du maréchal de Rochefort; un ambitieux dont l'ambition est satisfaite, mourir à quarante ans ! c'est quelque chose de bien déplorable. Il a prié, en mourant, la comtesse de Guiche de venir reprendre sa femme à Nanci, et lui laisse le soin de la consoler. Je trouve qu'elle perd par tant de côtés, que je ne crois pas que ce soit une chose aisée (1). Voilà une lettre de madame de La Fayette, qui vous divertira. Madame de Brissac était venue ici pour une certaine colique : elle ne s'en est pas bien trouvée : elle est partie aujourd'hui de chez Bayard, après y avoir brillé, et dansé, et fricassé chair et poisson. Le *chanoine* m'a écrit ; il me semble que j'avais échauffé sa froideur par la mienne ; je la connais ; et le moyen de lui plaire, c'est de ne lui rien demander. Madame de Brissac et elle forment le plus bel assortiment de feu et d'eau que j'aie jamais vu. Je voudrais voir cette duchesse faire main-basse dans votre place des Prêcheurs (2), sans aucune considération de qualité ni d'âge : cela passe tout ce que l'on peut croire. Vous êtes une plaisante idole ! sachez qu'elle trouverait fort bien à vivre, où vous mourriez de faim.

(1) Louvois s'en chargea. Il devint amoureux de cette veuve, et le fut jusqu'à la fin de sa vie.

(2) Place publique à Aix.

Mais parlons de la charmante douche; je vous en ai fait la description; j'en suis à la quatrième; j'irai jusqu'à huit. Mes sueurs sont si extrêmes, que je perce mes matelas; je pense que c'est toute l'eau que j'ai bue depuis que je suis au monde. Quand on entre dans ce lit, il est vrai qu'on n'en peut plus; la tête et tout le corps sont en mouvement, tous les esprits en campagne, des battements partout. Je suis une heure sans ouvrir la bouche, pendant laquelle la sueur commence, et continue deux heures durant; et de peur de m'impatienter, je fais lire mon médecin, qui me plaît; il vous plairait aussi. Je lui mets dans la tête d'apprendre la philosophie de votre père Descartes; je ramasse des mots que je vous ai ouï dire. Il sait vivre; il n'est point charlatan; il traite la médecine en galant homme; enfin, il m'amuse. Je vais être seule, et j'en suis fort aise : pourvu qu'on ne m'ôte pas le pays charmant, la rivière d'Allier, mille petits bois, des ruisseaux, des prairies, des moutons, des chèvres, des paysannes qui dansent la bourrée dans les champs, je consens de dire adieu à tout le reste; le pays seul me guérirait. Les sueurs qui affaiblissent tout le monde me donnent de la force, et me font voir que ma faiblesse venait des superfluités que j'avais encore dans le corps. Mes genoux se portent bien mieux; mes mains ne veulent pas encore, mais elles le voudront avec le temps. Je boirai encore huit jours du jour de la Fête-Dieu, et puis je penserai avec douleur à m'éloigner de vous. Il est vrai que ce m'eût été une joie bien sensible de vous avoir ici uniquement à moi; vous y avez mis une clause de retourner chacun chez soi, qui m'a fait transir : n'en parlons plus, ma chère enfant, voilà qui est fait. Songez à faire vos efforts pour venir me voir cet hiver : en vérité, je crois que vous devez en avoir quelque envie, et que M. de Grignan doit souhaiter que vous me donniez cette satisfaction. J'ai à vous dire que vous faites tort à ces eaux de les croire noires; pour noires, non ; pour chaudes, oui. Les Provençaux s'accommoderaient mal de cette boisson : mais qu'on mette une herbe ou une fleur dans cette eau, elle en sort aussi fraîche que lorsqu'on la cueille; et au lieu de griller et de rendre la peau rude, cette eau la rend douce et unie : raisonnez là-dessus. Adieu, ma trop aimable; s'il faut, pour profiter des eaux, ne guère aimer sa fille, j'y renonce.

LETTRE CV.

A LA MÊME.

A Vichi, lundi 8 juin 1676.

Ne doutez pas, ma fille, que je ne sois touchée très sensiblement de préférer quelque chose à vous qui m'êtes si chère : toute ma consolation, c'est que vous ne pouvez ignorer mes sentiments, et que vous verrez dans ma conduite un beau sujet de réfléchir, comme vous faisiez l'autre jour, touchant la préférence du devoir sur l'inclination. Mais je vous conjure, et M. de Grignan, de vouloir bien me consoler cet hiver de cette violence qui coûte si cher à mon cœur. Voilà donc ce qui s'appelle la vertu et la reconnaissance ! je ne m'étonne pas si l'on trouve si peu de presse dans l'exercice de ces belles vertus. Je n'ose, en vérité, appuyer sur ces pensées ; elles troublent entièrement la tranquillité qu'on ordonne en ce pays. Je vous conjure encore de vous tenir pour toute rangée chez moi, comme vous y étiez ; et de croire que voilà précisément la chose que je souhaite le plus. Vous êtes en peine de ma douche, ma très chère; je l'ai prise huit matins, comme je vous l'ai mandé; elle m'a fait suer abondamment; c'est tout ce qu'on demande, et bien loin de m'en trouver plus faible, je m'en trouve plus forte. Il est vrai que vous m'auriez été d'une grande consolation : je doute cependant que j'eusse voulu vous souffrir dans cette fumée : pour ma sueur, elle vous aurait fait un peu de pitié : mais enfin, je suis le prodige de Vichi pour avoir soutenu la douche courageusement. Mes jarrets en sont guéris; si je fermais mes mains, il n'y paraîtrait plus. Pour les eaux, j'en prendrai jusqu'à samedi; c'est mon seizième jour; elles me purgent et me font beaucoup de bien.

Tout mon déplaisir, c'est que vous ne voyiez point danser les bourrées de ce pays; c'est la plus surprenante chose du monde; des paysans, des paysannes, une oreille aussi juste que vous, une légèreté, une disposition... enfin, j'en suis folle. Je donne tous les soirs un violon avec un tambour de basque, à très petits frais; et dans ces prés et ces jolis bocages c'est une joie que de voir danser les restes des bergers et des bergères du Lignon (1). Il m'est impossible de ne pas vous souhaiter, toute sage que vous êtes, à ces sortes de folies.

Nous avons *Sibylle Cumée* (2) toute parée, toute habillée en jeune personne; elle croit guérir, elle me fait pitié. Je crois que ce serait une chose possible, si c'était ici la fontaine de Jouvence. Ce que vous dites sur la liberté que prend la mort d'interrompre la fortune, est incomparable : c'est ce qui doit consoler de ne pas être au nombre de ses favoris; nous en trouverons la mort moins amère. Vous me demandez si je suis dévote; hélas! non, dont je suis très fâchée; mais il me semble que je me détache en quelque sorte de ce qui s'appelle le monde. La vieillesse et un peu de maladie donnent le temps de faire de grandes réflexions; mais ce que je retranche sur le public, il me semble que je vous le redonne : ainsi, je n'avance guère dans le pays du détachement; et vous savez que le droit du jeu serait de commencer par effacer un peu ce qui tient le plus au cœur.

Madame de Montespan partit jeudi de Moulins

---

(1) Petite rivière, mais fameuse par le roman de l'*Astrée*.

(2) Madame de Péquigny.

dans un bateau peint et doré, meublé de damas rouge, que lui avait fait préparer M. l'intendant, avec mille chiffres, mille banderoles de France et de Navarre : jamais il n'y eut rien de plus galant ; cette dépense va à plus de mille écus ; mais il en fut payé tout comptant par la lettre que la belle écrivit au roi ; elle n'y parlait, à ce qu'elle lui dit, que de cette magnificence. Elle ne voulut point se montrer aux femmes ; mais les hommes la virent à l'ombre de M. l'intendant. Elle s'est embarquée sur l'Allier, pour trouver la Loire à Nevers, qui doit la mener à Tours, et puis à Fontevrauld, où elle attendra le retour du Roi, qui est différé par le plaisir qu'il prend au métier de la guerre. Je ne sais si on aime cette préférence.

LETTRE CVI.

A LA MÊME.

A Vichi, jeudi au soir 11 juin 1676.

Vous seriez la bienvenue, ma fille, de venir me dire qu'à cinq heures du soir je ne dois pas vous écrire ! c'est ma seule joie, c'est ce qui m'empêche de dormir. Si j'avais envie de faire un doux sommeil, je n'aurais qu'à prendre des cartes, rien ne m'endort plus sûrement. Si je veux être éveillée, comme on l'ordonne, je n'ai qu'à penser à vous, à vous écrire, à causer avec vous des nouvelles de Vichi : voilà le moyen de m'ôter toute sorte d'assoupissement. J'ai trouvé ce matin à la fontaine un bon capucin ; il m'a humblement saluée ; j'ai fait aussi la révérence de mon côté, car j'honore la livrée qu'il porte. Il a commencé par me parler de la Provence, de vous, de M. de Roquesante, de m'avoir vue à Aix, de la douleur que vous aviez eue de ma maladie. Je voudrais que vous eussiez vu ce que m'est devenu ce bon père, dès le moment qu'il m'a paru si bien instruit ! je crois que vous ne l'avez jamais ni vu, ni remarqué; mais c'est assez de vous savoir nommer. Le médecin que je tiens ici pour causer avec moi ne pouvait se lasser de voir comme naturellement je m'étais attachée à ce père. Je l'ai assuré que s'il allait en Provence, et qu'il vous fît dire qu'il a toujours été avec moi à Vichi, il serait pour le moins aussi bien reçu. Il m'a paru qu'il mourait d'envie de partir pour aller vous dire des nouvelles de ma santé : hors mes mains, elle est parfaite, et je suis assurée que vous auriez quelque joie de me voir et de m'embrasser dans l'état où je suis, surtout après avoir su dans quel état j'étais auparavant. Nous verrons si vous continuerez à vous passer de ceux que vous aimez, ou si vous voudrez bien leur donner la joie de vous voir : c'est où d'Hacqueville et moi nous vous attendons.

La bonne Péquigny est survenue à la fontaine; c'est une machine étrange, elle veut faire tout comme moi, afin de se porter comme moi. Les médecins d'ici lui disent que oui, et le mien se moque d'eux. Elle a pourtant bien de l'esprit avec ses folies et ses faiblesses; elle a dit cinq ou six choses très plaisantes. C'est la seule personne que j'ai vue, qui exerce sans contrainte la vertu de la libéralité : elle a deux mille cinq cents louis qu'elle a résolu de laisser dans le pays; elle donne, elle jette, elle habille, elle nourrit les pauvres : si on lui demande une pistole, elle en donne deux; je n'avais fait qu'imaginer ce que je vois en elle. Il est vrai qu'elle a vingt-cinq mille écus de rente, et qu'à Paris elle n'en dépense pas dix mille. Voilà ce qui fonde sa magnificence. Pour moi, je trouve qu'elle doit être louée d'avoir la volonté avec le pouvoir; car ces deux choses sont quasi toujours séparées.

LETTRE CVII.

A LA MÊME.

A Paris, vendredi 17 juillet 1676.

Enfin, c'en est fait, la Brinvilliers est en l'air; son pauvre petit corps a été jeté, après l'exécution, dans un fort grand feu, et ses cendres au vent; de sorte que nous la respirerons, et par la communication des petits esprits, il nous prendra quelque humeur empoisonnante, dont nous serons tous étonnés. Elle fut jugée dès hier; ce matin on lui a lu son arrêt, qui était de faire amende honorable à Notre-Dame, et d'avoir la tête coupée, son corps brûlé, les cendres au vent. On l'a présentée à la question; elle a dit qu'il n'en était pas besoin, et qu'elle dirait tout; en effet, jusqu'à cinq heures du soir, elle a conté sa vie, encore plus épouvantable qu'on ne le pensait. Elle a empoisonné dix fois de suite son père, elle ne pouvait en venir à bout, ses frères et plusieurs autres, et toujours l'amour et les confidences mêlés partout. Elle n'a rien dit contre Penautier. On n'a pas laissé, après cette confession, de lui donner dès le matin la question ordinaire et extraordinaire ; elle n'en a pas dit davantage : elle a demandé à parler à M. le procureur-général ; on ne sait point encore le sujet de cette conversation. A six heures, on l'a menée nue en chemise, la corde au cou, à Notre-Dame, faire amende honorable ; et puis on l'a remise dans le même tombereau, où je l'ai vue jetée à reculons sur la paille, avec une cornette basse et sa chemise, un docteur auprès d'elle, le bourreau de l'autre côté : en vérité, cela m'a fait frémir. Ceux qui ont vu l'exécution, disent qu'elle est montée sur l'échafaud avec bien du courage. Pour moi, j'étais sur le pont Notre-Dame, avec la bonne d'Escars ; jamais il ne s'est vu tant de monde ; jamais Paris n'a été si ému ni si attentif ; et qu'on demande ce que bien des gens ont vu, ils n'ont vu, comme moi, qu'une cornette ; mais enfin ce jour était consacré à cette tragédie. J'en saurai demain davantage, et cela vous reviendra.

LETTRE CVIII.

A LA MÊME.

A Paris, mercredi 22 juillet 1676.

Oui, ma fille, voilà justement ce que je veux; je suis contente et consolée du temps que je perds, par la rencontre heureuse des sentiments de M. de Grignan et des miens. Il sera fort aise de vous avoir cet été à Grignan : j'ai considéré son intérêt aux dépens de la chose du monde qui m'est la plus chère; et il songe à son tour à me plaire, en vous empêchant de remonter en Provence, et vous faisant prendre un mois ou six semaines d'avance, qui me font un plaisir sensible, et qui vous ôtent la fatigue de l'hiver et des mauvais chemins. Rien n'est plus juste que cette disposition; elle me fait sentir les douceurs de cette espérance, que nous aimons et que nous estimons tant. Voilà qui est donc réglé, nous en parlerons encore plus d'une fois, et plus d'une fois je vous remercierai de cette complaisance. Mon carrosse ne vous manquera point à Briare, pourvu qu'il puisse revenir de l'eau dans la rivière : on passe tous les jours à gué notre rivière de Seine, et l'on se moque de tous les ponts de l'île.

Je viens d'écrire au chevalier (*de Grignan*), qui s'inquiétait de ma santé. Je lui mande que je ne puis serrer la main ni danser la bourrée : voilà deux choses dont la privation m'est bien rude; mais vous achèverez de me guérir; et quoique j'aie encore un peu de mal aux genoux, cela ne m'empêche point de marcher; au contraire, je souffre quand je suis trop long-temps assise. Vous ai-je mandé que je fus dîner l'autre jour à Sully, chez le président Amelot, avec les d'Hacqueville, Corbinelli, Coulanges? Je fus ravie de revoir cette maison, où j'ai passé ma belle jeunesse : je n'avais point de rhumatisme en ce temps-là. Mes mains ne se ferment pas tout-à-fait; mais je m'en sers à toutes choses, comme si de rien n'était. J'aime l'état où je suis, et toute ma crainte, c'est de rengraisser, et que vous ne me voyiez point le dos plat. En un mot, ma très chère, quittez vos inquiétudes, et ne songez qu'à venir me voir. Voilà notre Corbinelli qui va vous rendre compte de lui. Villebrune dit qu'il m'a guérie; je suis bien aise que cela lui soit bon; il n'est pas en état de négliger ce qui lui attire des Vardes et des Monceaux *in ogni modo*. Vardes mande à Corbinelli que, dans cette pensée, il le révère comme le dieu de la médecine. Villebrune pourra fort bien les divertir, et sur ce chapitre, et sur d'autres : c'est un oiseau effarouché, qui ne sait où se reposer.

Encore un petit mot de la Brinvilliers; elle est morte comme elle a vécu, c'est-à-dire résolument. Elle entra dans le lieu où l'on devait lui donner la question; et voyant trois seaux d'eau, elle dit : « C'est assurément pour me noyer, car « de la taille dont je suis, on ne prétend pas « que je boive tout cela. » Elle écouta son arrêt dès le matin, sans frayeur et sans faiblesse, et sur la fin, elle fit recommencer, disant que ce tombereau l'avait frappée d'abord, et qu'elle en avait perdu l'attention pour le reste. Elle dit à son confesseur, par le chemin, de faire mettre le bourreau devant elle, *afin*, dit-elle, *de ne point voir ce coquin de Desgrais, qui m'a prise.* Desgrais était à cheval devant le tombereau. Son confesseur la reprit de ce sentiment; elle dit : « Ah, mon Dieu ! je vous en demande pardon; « qu'on me laisse cette étrange vue. » Elle monta seule et nu-pieds sur l'échelle et sur l'échafaud, et fut un quart d'heure *mirodée*, rasée, dressée et redressée par le bourreau ; ce fut un grand murmure et une grande cruauté. Le lendemain, on cherchait ses os, parce que le peuple croyait qu'elle était sainte. Elle avait, disait-elle, deux confesseurs ; l'un soutenait qu'il fallait tout avouer, et l'autre non ; elle riait de cette diversité, disant : Je puis faire en conscience ce qu'il me plaira : il lui a plu de ne rien avouer. Penautier sortira plus blanc que la neige ; le public n'est point content ; on dit que tout cela trouble. Admirez le malheur ; cette créature a refusé d'apprendre ce qu'on voulait, et a dit ce qu'on ne demandait pas : par exemple, elle a dit que M. Fouquet avait envoyé Glaser, leur apothicaire empoisonneur, en Italie, pour avoir d'une herbe qui fait du poison : elle a entendu dire cette belle chose à Sainte-Croix. Voyez quel excès d'accablement, et quel prétexte pour achever ce pauvre infortuné ! Tout cela est bien suspect. On ajoute encore bien des choses ; mais en voilà assez pour aujourd'hui.

On tient que M. de Luxembourg a dessein de tenter une grande entreprise pour secourir Philisbourg ; c'est une affaire périlleuse. Le siége de

Maëstricht continue; mais le maréchal d'Humières va s'emparer d'Aire (1) pour jouer aux échecs, comme je disais l'autre jour ; il a pris toutes les troupes qu'on destinait au maréchal de Créqui; et les officiers-généraux qui étaient nommés pour cette armée, sont retournés en Allemagne, comme la Trousse, le chevalier du Plessis et d'autres. Nos garçons sont demeurés avec M. de Schomberg ; je les aime bien mieux là qu'avec le maréchal d'Humières. M. de Schomberg favorisera notre siège et les fortifications de Condé, comme Villahermosa (2) favorise le siége de Maëstricht et le prince d'Orange. Tout ceci s'échauffe beaucoup : cependant on se réjouit à Versailles ; tous les jours des plaisirs, des comédies, des musiques, des soupers sur l'eau. On joue tous les jours dans l'appartement du roi, la reine et toutes les dames, et tous les courtisans : c'est là qu'on voit perdre ou gagner dans une séance deux ou trois mille louis.

Madame de Nevers (3) est belle comme le jour,

(1) Cette place fut prise le 31 juillet.
(2) Le général des troupes d'Espagne.
(3) Gabrielle de Damas, fille de Claude-Léonor, marquis de Thianges, et de Gabrielle de Rochechouart-Mortemart

et brille fort, sans qu'on en soit en peine. Mademoiselle de Thianges (*sa sœur*) est grande; elle a tout ce qui compose une belle fille. L'hôtel de Grancey est tout comme il était, rien ne change. Le chevalier de Lorraine est très-languissant; il aurait assez l'air d'être empoisonné, si la Brinvilliers eût été son héritière. M. le duc fait son quartier d'été en ce quartier; mais madame de Rohan s'en va à Lorges : cela est un peu embarrassant. Ne voudriez-vous point savoir des nouvelles de Danemarck ? en voilà que je reçois par la bonne princesse. Je crois que cette grace du roi vous fera plaisir à voir; c'est ainsi que l'on diminue les peines, au lieu de les augmenter (1).

Je reçois votre lettre du 15. Ce qui est dit est dit sur votre voyage ; vous m'en parlez toujours avec tant d'amitié, que j'en suis touchée dans le milieu du cœur. Je suis étonnée d'avoir pu trouver en moi assez de raison et de considération pour vous laisser encore à vos Grignans jusqu'au mois d'octobre. Je regarde avec tristesse

---

(1) Il s'agit de Griffenfeldt, dont le roi commua la peine de mort en une prison. Mais ce qu'ajoute madame de Sévigné est un souvenir amer de la dureté injuste avec laquelle Louis XIV avait aggravé la peine de Fouquet en la commuant.

la perte d'un temps où je pourrais vous voir : j'ai là-dessus des repentirs et des folies, dont le grand d'Hacqueville se moque. Je disais hier de Penautier ce que vous m'en dites, sur le peu de presse que je prévois qu'il y aura à sa table.

Pour les eaux de Vichi, je ne puis que m'en louer ; elles m'ont redonné de la force, en me purgeant et en me faisant suer. Mon corps est bien ; ce qui me reste n'est pas considérable ; je ferai, quand vous serez ici, tous les remèdes que vous voudrez : jusqu'alors il faut que je songe à Livry ; je me trouve étouffée ici, j'ai besoin d'air et de marcher : vous me reconnaissez bien à ce discours. Ce que vous dites de la raison qui vous fait être ravie que M. de Marseille (1) soit cardinal, est justement la mienne : il n'aura plus la joie ni l'espérance de l'être.

On mande des merveilles de l'Allemagne. Que dites-vous de ces Allemands qui se laissent noyer par un petit ruisseau, qu'ils n'ont pas l'esprit de détourner ? Je suis persuadée que M. de Luxembourg les battra, et qu'ils ne prendront

(1) Toussaint de Forbin de Janson, qui de l'évêché de Marseille fut transféré, en 1679, à celui de Beauvais, ne fut cardinal qu'en février 1690, de la promotion que fit Alexandre VIII.

point Philisbourg : ce n'est point notre faute, s'ils se rendent indignes d'être nos ennemis. Mon fils est dans l'armée de M. de Schomberg; c'est présentement la plus sûre. Que me dites-vous des Grignans qui viennent de vous arriver? J'en embrasse autant qu'il y en aura, et salue très-respectueusement M. l'archevêque (*d'Arles*).

LETTRE CIX.

A LA MÊME.

A Paris, mercredi 29 juillet 1676.

Voici un changement de scène qui vous paraîtra aussi agréable qu'à tout le monde. Je fus samedi à Versailles avec les Villars. Vous connaissez la toilette de la reine, la messe, le dîner; mais il n'est pas besoin de se faire étouffer pendant que leurs majestés sont à table; car à trois heures, le roi, la reine, Monsieur, Madame, Mademoiselle, tout ce qu'il y a de princes et de princesses, madame de Montespan, toute sa suite, tous les courtisans, toutes les dames, enfin ce qui s'appelle la cour de France, se trouve dans ce bel appartement du roi que vous connaissez. Tout est meublé divinement, tout est magnifique. On ne sait ce que c'est que d'y avoir chaud; on passe d'un lieu à l'autre sans faire la presse nulle part. Un jeu de reversi donne la forme, et fixe tout. Le roi est auprès de madame de Montespan, qui tient la carte; Monsieur, la reine, et madame de Soubise, Dangeau et compagnie, Langlée et compagnie; mille louis sont répandus sur le tapis, il n'y a point d'autres jetons. Je voyais Dangeau; et j'admirais combien nous sommes sots au jeu auprès de lui. Il ne songe qu'à son affaire, et gagne, où les autres perdent; il ne néglige rien, il profite de tout, il n'est point distrait : en un mot, sa bonne conduite défie la fortune; aussi les deux cent mille francs en dix jours, les cent mille écus en un mois, tout cela se met sur le livre de sa recette. Il dit que je prenais part à son jeu, de sorte que je fus assise très agréablement et très commodément. Je saluai le roi, ainsi que vous me l'avez appris; il me rendit mon salut, comme si j'avais été jeune et belle. La reine me parla aussi long-temps de ma maladie, que si c'eût été une couche. M. le duc me fit mille de ses caresses, à quoi il ne pense pas. Le maréchal de Lorges m'attaqua sous le nom du chevalier de Grignan, enfin *tutti quanti*. Vous savez ce que c'est que de recevoir un mot de tout ce que l'on trouve en son chemin. Madame de Montespan me parla de Bourbon, elle me pria de lui conter Vichi, et comment je m'en étais portée; elle me dit que Bourbon, au lieu de guérir un genou, lui a fait mal aux deux. Je lui trouvai le dos bien plat,

comme disait la maréchale de la Meilleraie;
mais sérieusement, c'est une chose surprenante
que sa beauté; sa taille n'est pas de la moitié si
grosse qu'elle était, sans que son teint, ni ses
yeux, ni ses lèvres, en soient moins bien. Elle était
habillée de point de France, coiffée de mille boucles; les deux des tempes lui tombent fort bas
sur les joues; des rubans noirs à sa tête, des
perles de la maréchale de l'Hôpital, embellies
de boucles et de pendeloques de diamants de
la dernière beauté, trois ou quatre poinçons,
point de coiffe; en un mot, une triomphante
beauté à faire admirer à tous les ambassadeurs.
Elle a su qu'on se plaignait qu'elle empêchait
toute la France de voir le roi; elle l'a redonné, comme vous voyez; et vous ne sauriez croire la joie que tout le monde en a, ni
de quelle beauté cela rend la cour. Cette agréable confusion, sans confusion, de tout ce qu'il
y a de plus choisi, dure depuis trois heures jusqu'à six. S'il vient des courriers, le roi se retire
un moment pour lire ses lettres, puis revient.
Il y a toujours quelque musique qu'il écoute,
et qui fait un très bon effet. Il cause avec les
dames qui ont accoutumé d'avoir cet honneur.
Enfin, on quitte le jeu à six heures; on n'a point

du tout de peine à faire les comptes; il n'y a point de jetons, ni de marques; les poules sont au moins de cinq, six à sept cents louis, les grosses de mille, de douze cents. On en met d'abord vingt chacun, c'est cent; et puis celui qui fait en met dix. On donne chacun quatre louis à celui qui a le quinola; on passe; et quand on fait jouer, et qu'on ne prend pas la poule, on en met seize à la poule, pour apprendre à jouer mal à propos. On parle sans cesse, et rien ne demeure sur le cœur. Combien avez-vous de cœurs? J'en ai deux, j'en ai trois, j'en ai un, j'en ai quatre : il n'en a donc que trois, que quatre, et Dangeau est ravi de tout ce caquet : il découvre le jeu, il tire ses conséquences, il voit à qui il a affaire; enfin j'étais fort aise de voir cet excès d'habileté : vraiment c'est bien lui qui sait le dessous des cartes. On monte donc à six heures en calèche, le roi, madame de Montespan, M. et madame de Thianges, et la bonne d'Heudicourt sur le strapontin, c'est-à-dire, comme en paradis, ou dans la gloire de Niquée. Vous savez comme ces calèches sont faites; on ne se regarde point, on est tourné du même côté. La reine était dans une autre avec les princesses, et ensuite tout le monde attroupé, selon sa fantaisie. On va sur le canal dans des gondoles, on touve de la musique, on revient à dix heures, on trouve la comédie, minuit sonne, on fait *media noche;* voilà comme se passe le samedi.

De vous dire combien de fois on me parla de vous, combien on me fit de questions, sans attendre la réponse, combien j'en épargnai, combien on s'en souciait peu, combien je m'en souciais encore moins, vous reconnaîtrez au naturel l'*iniqua corte*. Cependant elle ne fut jamais si agréable, et l'on souhaite fort que cela continue. Madame de Nevers est fort jolie, fort modeste, fort naïve; sa beauté fait souvenir de vous; M. de Nevers est toujours le même, sa femme l'aime de passion. Mademoiselle de Thianges est plus belle, et beaucoup moins charmante. M. du Maine est incomparable; son esprit étonne, et les choses qu'il dit ne peuvent s'imaginer. Madame de Maintenon, madame de Thianges, *Guelphes* et *Gibelins* (1), songez que tout est rassemblé. MADAME me fit mille honnêtetés, à cause de la

(1) Deux fameuses factions, dont l'une tenait le parti des papes, et l'autre celui des empereurs.

bonne princesse de Tarente. Madame de Monaco était à Paris.

M. le prince fut voir l'autre jour madame de La Fayette ; ce prince, *alla cui spada ogni vittoria è certa*. Le moyen de ne pas être flatté d'une telle estime, et d'autant plus qu'il ne la jette pas à la tête des dames ? Il parle de la guerre, il attend des nouvelles comme les autres. On tremble un peu de celles d'Allemagne. On dit pourtant que le Rhin est tellement enflé des neiges qui fondent des montagnes, que les ennemis sont plus embarrassés que nous. Rambure a été tué par un de ses soldats, qui déchargeait très innocemment son mousquet. Le siége d'Aire continue ; nous y avons perdu quelques lieutenants aux gardes et quelques soldats. L'armée de Schomberg est en pleine sûreté. Madame de Schomberg s'est remise à m'aimer ; le baron en profite par les caresses excessives de son général. *Le petit glorieux* n'a pas plus d'affaires que les autres ; il pourra s'ennuyer ; mais s'il a besoin d'une contusion, il faudra qu'il se la fasse lui-même : Dieu les conserve dans cette oisiveté ! Voilà, ma très chère, d'épouvantables détails ! ou ils vous ennuieront beaucoup, ou ils vous amuseront, ils ne peuvent point être indifférents. Je souhaite que vous soyez dans cette humeur où vous me dites quelquefois : « Mais vous ne voulez « pas me parler; mais j'admire ma mère, qui « aimerait mieux mourir que de me dire un « seul mot! » Oh! si vous n'êtes pas contente, ce n'est pas ma faute; non plus que la vôtre, si je ne l'ai pas été de la mort de Ruyter. Il y a des endroits dans vos lettres qui sont divins. Vous me parlez très bien du mariage (1), il n'y a rien de mieux; le jugement domine, mais c'est un peu tard. Conservez-moi dans les bonnes graces de M. de la Garde, et toujours des amitiés pour moi à M. de Grignan. La justesse de nos pensées sur votre départ renouvelle notre amitié.

Vous trouvez que ma plume est taillée pour dire des merveilles du grand-maître; je ne le nie pas absolument : il est vrai que je croyais m'être moquée de lui, en vous disant l'envie qu'il a de parvenir, et comme il veut être maréchal de France à la rigueur, comme du temps passé; mais c'est que vous m'en voulez sur ce sujet, le monde est bien injuste.

(1) Il était alors question d'un mariage pour M. de la Garde, qui ne se fit point.

Il l'a bien été aussi pour la Brinvilliers; jamais tant de crimes n'ont été traités si doucement, elle n'a pas eu la question; on avait si peur qu'elle ne parlât, qu'on lui faisait entrevoir une grace, et si bien entrevoir, qu'elle ne croyait point mourir; elle dit en montant sur l'échafaud : *C'est donc tout de bon ?* Enfin, elle est au vent, et son confesseur dit que c'est une sainte. M. le premier président (*de Lamoignon*) avait choisi ce docteur comme une merveille; c'était celui qu'on voulait qu'il prît. N'avez-vous point vu ces gens qui font des tours de cartes ? ils les mêlent fort long-temps, et vous disent d'en prendre une telle qu'il vous plaira, et qu'ils ne s'en soucient pas; vous la prenez, vous croyez l'avoir prise, et c'est justement celle qu'ils veulent : à l'application, elle est juste. Le maréchal de Villeroi disait l'autre jour : *Penautier sera ruiné de cette affaire-ci :* le maréchal de Grammont répondit : *Il faudra qu'il supprime sa table :* voilà bien des épigrammes. Je suppose que vous savez qu'on croit qu'il y a cent mille écus de répandus pour faciliter toutes choses : l'innocence ne fait guère de telles profusions. On ne peut écrire tout ce qu'on sait; ce sera pour une soirée. Rien n'est si plaisant que tout ce que vous dites sur la Brinvilliers. Je crois que vous avez contentement ; il n'est pas possible qu'elle soit en paradis; sa vilaine ame doit être séparée des autres. Assassiner est le plus sûr ; nous sommes de votre avis ; c'est une bagatelle en comparaison d'être huit mois à tuer son père, et à recevoir toutes ses caresses et toutes ses douleurs, à quoi elle ne répondait qu'en doublant toujours la dose.

Contez à M. l'archevêque (*d'Arles*) ce que m'a fait dire M. le premier président pour ma santé. J'ai fait voir mes mains et quasi mes genoux à Langeron, afin qu'il vous en rende compte. J'ai d'une manière de pommade qui me guérira, à ce qu'on m'assure; je n'aurai point la cruauté de me plonger dans le sang d'un bœuf, que la canicule ne soit passée. C'est vous, ma fille, qui me guérirez de tous mes maux. Si M. de Grignan pouvait comprendre le plaisir qu'il me fait d'approuver votre voyage, il serait consolé par avance de six semaines qu'il sera sans vous.

Madame de La Fayette n'est point mal avec madame de Schomberg. Cette dernière me fait des merveilles, et son mari à mon fils. Madame de Villars songe tout de bon à s'en aller en Savoie; elle vous trouvera en chemin. Corbinelli vous adore, il n'en faut rien rabattre; il a toujours des soins de moi admirables. Le *bien bon* vous prie de ne pas douter de la joie qu'il aura de vous voir; il est persuadé que ce remède m'est nécessaire, et vous savez l'amitié qu'il a pour moi. Livry me revient souvent dans la tête, et je dis que je commence à étouffer, afin qu'on approuve mon voyage. Adieu, ma très aimable et très aimée; vous me priez de vous aimer; ah! vraiment je le veux bien; il ne sera pas dit que je vous refuse quelque chose.

LETTRE CX.

A LA MÊME.

A Livry, vendredi 11 septembre 1676.

Vous me parlez bien plaisamment de notre coadjuteur! Vous avez donc repris les libertés dont nous usions l'année que j'étais à Grignan ; quel tourment nous lui faisions sur ses contes, que M. de Grignan disait que le coadjuteur pouvait porter hardiment partout, *sans crainte de la gabelle!* Je n'ai jamais vu personne entendre si parfaitement la raillerie. Il y eut l'autre jour une vieille très décrépite qui se présenta au dîner du Roi, elle faisait frayeur. MONSIEUR la repoussa, et lui demanda ce qu'elle voulait : *Hélas! Monsieur*, lui dit-elle, *je voudrais bien prier le roi de me faire parler à M. de Louvois.* Le roi lui dit : *Tenez, voilà M. de Rheims qui le peut mieux que moi.* Cela réjouit fort tout le monde. Nanteuil (1), d'un autre côté, priait Sa

---

(1) Artiste célèbre pour les portraits en pastel et pour la gravure.

Majesté de faire commander à M. de Calvo de se laisser peindre. Il fait un cabinet où vous voyez bien qu'il veut lui donner place. Tout ce que vous avez pensé de Maëstricht est arrivé, comme l'accomplissement d'une prophétie. Le roi donna hier matin à M. de Roquelaure le gouvernement de Guienne : voilà une longue patience récompensée par un admirable présent.

Tout le monde croit que l'étoile de *Quanto* pâlit. Il y a des larmes, des chagrins, des gaîtés affectées, des bouderies ; enfin, ma chère, tout finit. On regarde, on juge, on devine, on croit voir des rayons de lumière sur des visages que l'on trouvait indignes, il y a un mois, d'être comparés aux autres : on joue fort gaîment, quoique la belle garde sa chambre. Les uns tremblent, les autres rient ; les uns souhaitent l'immutabilité, les autres un changement de théâtre ; enfin, voici le temps d'une crise digne d'attention, s'il faut en croire les plus fins. La petite de Rochefort (1) sera mariée au premier jour à son cousin Nangis. Elle a douze ans. Si elle a bientôt un enfant, madame la chancelière pourra dire : Ma

(1) Elle était arrière-petite-fille de madame la chancelière Séguier.

fille, allez dire à votre fille, que la fille de sa fille crie. Madame de Rochefort (1) est cachée dans un couvent pendant cette noce, et paraît toujours inconsolable.

Vous savez que je revins ici mercredi matin; je me trouve ravie d'y être toute seule; je me promène, j'ai des livres, j'ai de l'ouvrage, j'ai l'Église; enfin, j'en demande pardon à la compagnie qui doit me revenir, je me passe d'elle à merveille. Mon abbé est demeuré à Paris, pour parler au vôtre, et le prier de donner à M. Colbert la lettre que lui écrit M. de Grignan, avant que de partir. Si l'abbé Têtu était ici, je me ferais mener en l'absence de l'abbé de Grignan; mais il est en Touraine : il est vrai qu'il aime fort à n'avoir ni compagnon ni maître dans la maison qu'il honore de son estime. Cependant trouvez-vous qu'il n'ait ni l'un ni l'autre chez notre petite amie (*madame de Coulanges*)? Je lui dis tous les jours qu'il faut que le goût qu'il a pour elle soit bien extrême, puisqu'il lui fait avaler, et l'été, et l'hiver, toutes sortes de couleuvres; car les inquiétudes de la canicule ne sont

---

(1) Madeleine de Laval-Bois-Dauphin, veuve du maréchal de Rochefort, mort le 22 mai 1676.

pas moins désagréables que la présence du carnaval : ainsi toute l'année est une souffrance.

On prétend que cette amie (*madame de Maintenon*) de l'amie n'est plus ce qu'elle était, et qu'il ne faut plus compter sur aucune bonne tête, puisque celle-là n'a pas soutenu le tourbillon de ce bon pays. La vôtre est bien admirable de soutenir votre bise avec tant de raison, et même avec tant de gaîté! Quand je vous vois gaie, comme on le voit fort bien dans les lettres, je partage avec vous cette belle et bonne humeur : vous croyez quelquefois me dire des folies; eh, mon Dieu! c'est bien moi qui en dis sans cesse, et j'en devrais être bien honteuse, moi, qui dois être sage par tant de raisons! Il est vrai que je ne pouvais deviner que vous eussiez appelé la Garde ***votre petit cœur;*** cette vision est fort bonne : mais je meurs de peur que ce ne soit un présage, et qu'il ne soit bientôt appelé de ce doux nom, *bon jeu*, *bon argent*. J'espère bien que vous me manderez le détail de cette noce si long-temps attendue. Je suis étonnée qu'il puisse garder si long-temps cette pensée dans sa tête : c'est une étrange perspective pour quelqu'un qui pourrait bien s'en passer. Quand vous dites des folies, il me semble que vous songez à moi : nous avons fort ri à Grignan. Vous me dépeignez très bien l'abbé de la Vergne; je meurs d'envie de le voir, il n'y a personne dont j'aie entendu de si bonnes louanges. Vous ai-je mandé que Penautier prenait l'air dans sa prison? Il voit tous ses parents et amis, et passe les jours à admirer les injustices que l'on fait dans le monde : nous l'admirons comme lui.

Madame de Coulanges me mande qu'elle ne reviendra de quatre ou cinq jours, dont elle est au désespoir; qu'il faut qu'elle fasse des pas pour une intendance qui est vacante; qu'elle doit parler au roi et à M. Colbert, qui pis est : je lui conseille de prier Sa Majesté, comme la vieille femme, de la faire parler à M. Colbert; et je la prie de n'être ni sourde, ni aveugle en ce pays-là, ni muette, quand elle reviendra ici. Elle me mande, et d'autres aussi, que madame de Soubise est partie pour aller à Lorges; ce voyage fait grand honneur à sa vertu. On dit qu'il y a eu un bon raccommodement, peut-être trop bon. M. le maréchal d'Albret a laissé cent mille francs à madame de Rohan; cela sent bien la restitution. Mon fils me mande que les ennemis ont été long-temps fort près de nous; M. de Schomberg s'est approché, ils se sont encore reculés : enfin, ils sont à dix lieues, et bientôt à douze; je n'ai jamais vu de si bons ennemis, *je les aime tendrement;* voyez la belle chose d'abuser des mots! je n'ai point d'autre manière pour vous dire que je vous aime, que celle dont je me sers pour les confédérés.

LETTRE CXI.

A LA MÊME.

A Paris, mercredi 21 octobre 1676.

Eh, mon Dieu, ma fille! est-il possible que vous puissiez croire que le monde désapprouve que vous veniez me voir, et qu'on puisse trouver étrange que vous quittiez M. de Grignan pour un peu de temps, afin de me donner cette marque de votre amitié! On aurait sans doute plus de peine à justifier le contraire, et vos amis y seraient plus embarrassés, qu'à défendre le voyage que vous allez faire. Soyez donc en repos là-dessus, et croyez qu'il n'y a rien que de fort sage et de fort raisonnable à témoigner, dans cette occasion, l'amitié que vous avez pour moi. D'Hacqueville vous en dira son avis; et comme M. de Grignan doit être parti pour l'assemblée, nous commencerons à voir le jour de votre départ.

Madame de Verneuil passera le jour de la Toussaint à Lyon : elle me demanda si elle ne vous rencontrerait point ; je lui dis que cela n'était pas impossible. Amonio s'en va aussi ; si vous le trouvez, vous lui ferez une fort bonne mine, j'en suis assurée. J'écris à M. de Grignan et à M. l'archevêque, pour les prier d'entrer dans mes intérêts contre vous. Je suis fort embarrassée ; j'ai demandé le congé de mon fils, parce qu'il est malade de son rhumatisme à Charleville; M. de Louvois répondit fort bonnetement, que si je voulais, il le demanderait au roi : mais que mon fils ferait fort mal sa cour, et qu'il serait refusé ; que le petit Villars et tous les autres l'avaient été, et qu'il lui conseillait de se guérir tout doucement à Charleville ; que s'il avait pris, dès l'armée, une attestation de M. de Schomberg, il serait revenu ; mais que sa lettre toute seule ne produirait aucun effet. J'ai mandé tout cela, et en même temps je reçois une lettre où, sans avoir reçu la mienne, il me mande qu'il part avec un de ses amis qui revient, et qu'il sera demain ici. Je crains que cela ne lui fasse une affaire : je vous manderai la suite. Le père le Bossu sera fort aise de voir ce que vous dites de lui. Son *Art poétique* (1) est fort admiré ; vous en sentiez la beauté, sans savoir à qui vous en aviez l'obligation. Vous trouverez ici une traduction

(1) C'est-à-dire, son *Traité du Poëme épique*.

de saint Augustin, *sur la prédestination et la perséverance des bons :* nos amis ont triomphé dans cet ouvrage ; vraiment c'est la plus belle et la plus hardie pièce qu'on puisse voir. Vous trouverez aussi, dans un autre genre, les rondeaux de Benserade : ils sont fort mêlés ; avec un crible, il en demeurerait peu : c'est une étrange chose que l'impression !

Voici une histoire fort extraordinaire : on envoie quelquefois de l'argent à son mari, quand il est à l'armée ; Saint-Géran en a envoyé à sa femme (1) : il lui mande que si elle n'emploie à s'habiller les neuf cents francs qu'il lui fait tenir, il ne reviendra point de son quartier d'hiver ; tellement que la petite dame a donné dans l'étoffe, selon l'intention du fondateur. Madame de Soubise a paru avec son mari, deux coiffes et une dent de moins, à la cour ; de sorte que l'on n'a pas le mot à dire. Elle avait une de ses dents de devant un peu endommagée ; ma foi, elle a péri, et l'on voit une place comme celle du gros abbé, dont elle ne se soucie guère davantage ; c'est pourtant une étrange perte. Le voyage de Villers-Coterets est rompu ; mais le roi a la bonté

(1) Madame de Saint-Geran aimait le jeu.

de permettre qu'on porte ses beaux habits à Versailles. La plus incroyable chose du monde, c'est la dépense que font ces dames, sans avoir le premier sou, hormis celles à qui le roi les donne.

Je vous vois dans vos prairies une bergère sans berger, bien solitaire et bien éloignée de l'agitation de celles-là : votre ame est bien tranquille, et vos esprits sont bien paisibles en comparaison du mouvement de ce bon pays ; mais que peut faire une bergère sans un berger? Vous répondrez fort bien à cette question, par votre exemple. Madame de Coulanges a des retours de fièvre dont elle est fort chagrine ; cela est ordinaire à la suite des grandes maladies. Langlade est revenu de Frêne, où il a été encore plus mal que madame de Coulanges. Je l'ai vu : il est divinement bien logé à ce faubourg. Madame de La Fayette est revenue de Saint-Maur : elle a eu trois accès marqués de fièvre quarte ; elle dit qu'elle en est ravie, et qu'au moins sa maladie aura un nom.

A cinq heures du soir.

Savez-vous bien où je suis? Je vous défie de le deviner. Je suis venue dîner par le plus beau temps du monde à nos sœurs de Sainte-Marie du faubourg : vous croyez que je m'en vais dire,

Saint-Jacques; point du tout, c'est du faubourg Saint-Germain. On vient de m'y apporter votre lettre du 14. Je suis dans la plus belle maison de Paris, dans la chambre de mademoiselle Reimond, qui s'y est fait faire, comme bienfaitrice, un petit appartement enchanté : elle sort quand elle veut; mais elle ne le veut guère, parce qu'elle a principalement dans la tête de vouloir aller en paradis. Je vous amènerai ici, non-seulement comme une relique de ma grand'mère, mais comme une personne curieuse, qui doit aimer à voir une très belle maison de campagne; vous en serez surprise. Je vais donc, dans cet aimable lieu, répondre à votre lettre. Je continue à vous conjurer de décider en ma faveur, et de ne plus balancer à faire un voyage que vous m'avez promis, et qu'en vérité vous me devez un peu. Je ne suis pas la seule à trouver que vous marchandez beaucoup à me faire plaisir. Partez donc, partez; vous devez avoir pris vos mesures sur le départ de M. de Grignan : je l'embrasse, et vous prie de lui donner ma lettre; je vous recommande aussi celle de M. l'archevêque : j'espère plus en eux qu'en vous, pour une décision.

J'ai dit comme vous, sur ce réglement; il n'y a pas de raison à leur dire que, quand ils seront malades, ils ne viendront point à l'assemblée, cela s'en va sans dire; et aussi, qu'ils se trouveront à l'ouverture, quand ils seront dans le lieu; quelle folie! ils ne s'y trouveront jamais : ce n'est point un lieu où l'on se trouve par hasard : j'avais corrigé cet article, sans rien ôter au sens : mais d'Hacqueville aima mieux l'envoyer promptement, que de tarder encore huit jours, disant que les évêques de vos amis ne feraient point de difficulté, et que les autres en feraient toujours : l'intendant au moins n'y saurait manquer; cette affaire m'a donné du chagrin. N'admirez-vous point l'éclat et la puissance que donne la réverbération du soleil? *se mi miras, mi miran :* n'aurons-nous jamais un rayon? Je disais hier au fils d'un malheureux (*M. de Vaux*), que si, avec son mérite et sa valeur, qui percent même la noirceur de sa misère, il avait la fortune du temps passé, on lui aurait dressé un temple : je dis vrai; mais si cela était, il serait gâté.

Vous avez grande raison de ne pouvoir vous représenter madame de Coulanges à l'agonie, et M. de Coulanges dans la douleur; je ne le croirais pas, si je ne l'avais vu : une vivacité morte, une gaîté pleurante, ce sont des prodiges. La pauvre femme avait encore hier la fièvre; on ne sort point nettement de ces grands maux. Quand je songe qu'au bout de dix mois j'ai encore les mains enflées, cela me fait rire; car pour du mal, je n'en ai plus. Je ne proposerai point à Corbinelli de raisonner avec vous sans *la méthode*; il entre en fureur, et l'on n'est point en sûreté. Il est occupé à faire des rondeaux sur la convalescence de madame de Coulanges: je les corrige; jugez de la perfection de l'ouvrage. Adieu, ma chère enfant; partez et venez : tenez-vous donc une fois pour décidée, et défaites-vous d'épiloguer sur les bienséances de votre voyage : elles y sont toutes entières, et ce n'est pas moi seule qui le dis.

L'abbé de Pontcarré me montra hier ce que vous lui écrivez sur le manteau donné inconsidérément : cela est fort plaisant. Il est vrai que la conduite de notre cardinal est adorable : on l'admire bien aussi; il en reçoit l'honneur qu'il mérite.

LETTRE CXII.

A LA MÊME.

A Paris, dimanche au soir 13 décembre 1676.

Que ne vous dois-je point, ma chère enfant, pour tant de peines, de fatigues, d'ennui, de froid, de gelée, de frimas, de veilles? Je crois avoir souffert toutes ces incommodités avec vous; ma pensée n'a pas été un moment séparée de vous, je vous ai suivie partout, et j'ai trouvé mille fois que je ne valais pas l'extrême peine que vous preniez pour moi, c'est-à-dire par un certain côté; car celui de la tendresse et de l'amitié relève bien mon mérite à votre égard. Quel voyage, bon Dieu! et quelle saison! vous arriverez précisément le plus court jour de l'année, et par conséquent vous nous ramènerez le soleil. J'ai vu une devise qui me conviendrait assez; c'est un arbre sec, et comme mort, et autour ces paroles: *Fin che sol ritorni.* Qu'en dites-vous, ma fille? Je ne vous parlerai donc point de votre voyage, nulle question là-dessus; nous tirerons le rideau sur vingt jours d'extrêmes fatigues, et nous tâcherons de donner un autre cours aux petits esprits, et d'autres idées à votre imagination. Je n'irai point à Melun; je craindrais de vous donner une mauvaise nuit par une dissipation peu convenable au repos : mais je vous attendrai à dîner à Villeneuve-Saint-Georges ; vous y trouverez votre potage tout chaud ; et sans faire tort à qui que ce puisse être, vous y trouverez la personne du monde qui vous aime le plus parfaitement. L'abbé vous attendra dans votre chambre bien éclairée, avec un bon feu. Ma chère enfant, quelle joie! puis-je en avoir jamais une plus sensible?

LETTRE CXIII.

A LA MÊME.

A Paris, mardi 8 juin 1677.

Non, ma fille, je ne vous dis rien, rien du tout : vous ne savez que trop ce que mon cœur est pour vous : mais puis-je vous cacher tout-à-fait l'inquiétude que me donne votre santé? C'est un endroit par où je n'avais pas encore été blessée; cette première épreuve n'est pas mauvaise : je vous plains d'avoir le même mal pour moi; mais plût à Dieu que je n'eusse pas plus de sujet de craindre que vous! Ce qui me console, c'est l'assurance que M. de Grignan m'a donnée de ne point pousser à bout votre courage; il est chargé d'une vie où tient absolument la mienne : ce n'est pas une raison pour lui faire augmenter ses soins; celle de l'amitié qu'il a pour vous, est la plus forte. C'est aussi dans cette confiance, mon très cher comte, que je vous recommande encore ma fille : observez-la bien, parlez à Montgobert, entendez-vous ensemble pour une affaire si importante. Je compte fort sur vous, ma chère..

Montgobert. Ah! ma chère enfant! tous les soins de ceux qui sont autour de vous ne vous manqueront pas, mais ils vous seront bien inutiles, si vous ne vous gouvernez vous-même. Vous vous sentez mieux que personne; et si vous trouvez que vous ayez assez de force pour aller à Grignan, et que tout d'un coup vous trouviez que vous n'en avez pas assez pour revenir à Paris; si enfin les médecins de ce pays-là, qui ne voudront pas que l'honneur de vous guérir leur échappe, vous mettent au point d'être plus épuisée que vous ne l'êtes, ah! ne croyez pas que je puisse résister à cette douleur. Mais je veux espérer qu'à notre honte, tout ira bien. Je ne me soucierai guère de l'affront que vous ferez à l'air natal, pourvu que vous soyez dans un meilleur état. Je suis chez la bonne Troche, dont l'amitié est charmante; nulle autre ne m'était propre; je vous écrirai encore demain un mot; ne m'ôtez point cette unique consolation. J'ai bien envie de savoir de vos nouvelles; pour moi, je suis en parfaite santé, les larmes ne me font point de mal. J'ai dîné, je m'en vais chercher madame de Vins et mademoiselle de Méry. Adieu, mes chers enfants; que cette calèche que j'ai vue partir est bien précisément ce qui m'occupe, et le sujet de toutes mes pensées !

MADAME DE LA TROCHE.

La voilà cette chère commère qui a la bonté de me faire confidence de sa sensible douleur. Je viens de la faire dîner, elle est un peu calmée ; conservez-vous, belle comtesse, et tout ira bien ; ne la trompez point sur votre santé, ou, pour mieux dire, ne vous trompez point vous-même ; observez-vous, et ne négligez pas la moindre douleur, ni la moindre chaleur que vous sentirez à cette poitrine : tout est de conséquence, et pour vous, et pour votre aimable mère. Adieu, belle comtesse, je vous assure que je suis bien vive pour sa santé, et que je suis à vous bien tendrement.

LETTRE CXIV.

A LA MÊME.

A Paris, vendredi 25 juin 1677.

Vous êtes à Grignan, ma fille. Le chaud, l'air, la bise, le Rhône; premièrement, tout cela vous a-t-il été favorable? Je vous demande ensuite des nouvelles du petit marquis et de Pauline; je serai satisfaite sur toutes ces questions, avant que vous receviez cette lettre : mais il est impossible de ne pas dire ce que l'on pense dans le moment qu'on écrit, quoiqu'on en connaisse l'inutilité. Je suis fort contente des soins de tous vos Grignans; je les aime, et leurs amitiés me sont nécessaires par d'autres raisons encore que par leur mérite. M. de la Garde n'a pas balancé à croire que c'est moi plutôt que madame Gargan, que vous lui recommandez dans cette rue. Je fus hier, avec madame de Coulanges, au Palais-Royal : *Oh, que je fais de poudre !* n'est-ce pas une de vos applications ? elle est fort juste et fort plaisante. Nous fûmes très bien reçues : Monsieur était chagrin, et ne parla qu'à moi, à cause de vous et des eaux. Madame me fit d'abord des merveilles; mais quand l'abbé de Chavigny fut entré, mon étoile pâlit visiblement : je dirais volontiers sur cet abbé, comme les laquais, *Il faut qu'il ait de la corde de pendu*. La duchesse de Valentinois (*madame de Monaco*) est favorite de Madame; elle n'en met pas plus grand pot au feu pour l'esprit ni pour la conversation. Je regardais cette chambre et ces places de faveur, si bien remplies autrefois. Madame la princesse de Tarente était auprès de Madame; elles avaient eu de grandes conférences : le petit de Grignan profiterait beaucoup à les entendre. Ma fille, je me porte très bien, et je dirai toujours, plût à Dieu que vous eussiez autant de santé que moi ! Je m'en vais ce soir à Livry avec d'Hacqueville; nous irons dîner à Pompone : madame de Vins nous attend avec le reste de la famille. Voilà un couplet de chanson de M. de Coulanges; je le trouve plaisant : quoique les médecins vous défendent de chanter, je crois que vous leur désobéirez en faveur de cette folle parodie.

Io est à la campagne, et n'a pu soutenir ce personnage simple, qui n'était pas praticable. Je consulterai, avec le coadjuteur, quel livre on pourrait vous envoyer. Je relis, par hasard, Lucien; en peut-on lire un autre?

LETTRE CXV.

A LA MÊME.

A Livry, vendredi 23 juillet 1677.

Le baron est ici, et ne me laisse pas mettre le pied à terre, tant il me mène rapidement dans les lectures que nous entreprenons : ce n'est cependant qu'après avoir fait honneur à la conversation. Don Quichotte, Lucien, *les petites lettres* (1), voilà ce qui nous occupe. Je voudrais de tout mon cœur, ma fille, que vous eussiez vu de quel air et de quel ton il s'acquitte de cette dernière lecture ; elles ont un prix tout particulier quand elles passent par ses mains ; c'est une chose divine, et pour le sérieux, et pour le plaisant ; je les trouve toujours nouvelles, et je crois que cette sorte d'amusement vous divertirait bien autant que *l'indéfectibilité* de la matière. Je travaille pendant que l'on lit ; et la promenade est si fort à la main, comme vous savez, que l'on est dix fois dans le jardin, et dix fois

---

(1) Les *Lettres provinciales* de Pascal.

on en revient. Je crois faire un voyage d'un instant à Paris; nous ramènerons Corbinelli : mais je quitterai ce joli et paisible désert, et partirai le 16 d'août pour la Bourgogne et pour Vichi. Ne soyez en nulle peine de ma conduite pour les eaux : comme Dieu ne veut pas que j'y sois avec vous, il ne faut penser qu'à se soumettre à ce qu'il ordonne. Je tâche de me consoler, dans la pensée que vous dormez, que vous mangez, que vous êtes en repos, que vous n'êtes plus dévorée de mille dragons, que votre joli visage reprend son agréable figure, que votre gorge n'est plus comme celle d'une personne étique : c'est dans ces changements que je veux trouver un adoucissement à notre séparation ; quand l'espérance voudra se mêler à ces pensées, elle sera très bien venue, et y tiendra sa place admirablement. Je crois M. de Grignan avec vous; je lui fais mille compliments sur toutes ses prospérités : je sais comme on le reçoit en Provence, et je ne suis jamais étonnée qu'on l'aime beaucoup. Je lui recommande Pauline, et le prie de la défendre contre votre philosophie. Ne vous ôtez point tous deux ce joli amusement : hélas ! a-t-on si souvent des plaisirs à choisir? Quand il s'en trouve quelqu'un d'innocent et de naturel sous notre main, il me semble qu'il ne faut point se faire la cruauté de s'en priver. Je chante donc encore une fois : *Aimez, aimez Pauline, aimez sa grace extréme* (1).

Nous attendrons jusqu'à la Saint-Remi ce que pourra faire madame de Guénégaud pour sa maison : si elle n'a rien fait alors, nous prendrons notre résolution, et nous en chercherons une pour Noël; ce ne sera pas sans beaucoup de peine que je perdrai l'espérance d'être sous un même toit avec vous; peut-être que tout cela se démêlera à l'heure que nous y penserons le moins. Je crois que M. de la Garde s'en ira bientôt : je lui dirai adieu à Paris; ce vous sera une augmentation de bonne compagnie. M. de Charost m'a écrit pour me parler de vous; il vous fait mille compliments.

J'aurai tout l'air, ma fille, de penser comme vous sur le poëme épique; le clinquant du Tasse m'a charmée. Je crois pourtant que vous vous accommoderez de Virgile : Corbinelli me l'a fait admirer; il faudrait quelqu'un comme lui pour vous accompagner dans ce voyage.

(1) Parodie d'un vers de l'opéra de *Thésée*, acte II, scène I.

LETTRE CXVI.

A LA MÊME.

A Paris, mercredi matin 28 juillet 1677.

Je suis à Paris pour ce chien de papillon : je n'ai pas encore mis entièrement le pied dessus, c'est-à-dire touché cette belle somme que vous savez. Si je ne m'étais agréablement amusée, depuis dimanche, à dire adieu à ces Messieurs qui s'en vont à Grignan, je me serais fort bien désespérée. Je devais m'en retourner hier; je ne m'en irai que vendredi : on ne saurait vous expliquer l'horreur de la chicane. Je soupai hier chez la marquise d'Huxelles, où j'embrassai, pour la sixième fois; la Garde et l'abbé de Grignan, et au lieu de leur dire, « Messieurs, je suis bien « fâchée de votre départ, je leur dis : Messieurs, « que vous êtes heureux ! que je suis aise que « vous partiez ! Allez, allez voir ma fille; vous « lui donnerez de la joie, vous la verrez en santé; « elle est gaie : plût à Dieu que je fusse de la « partie ! » Hélas, il s'en faut bien que la Providence ne fasse cet arrangement ! Mais enfin, ma très chère, je suis assurée de votre santé : Montgobert ne me trompe pas; dites-le-moi cependant encore; écrivez-le-moi en vers et en prose; répétez-le-moi pour la trentième fois : que tous les échos me redisent cette charmante nouvelle : si j'avais une musique comme M. de Grignan, ce serait là mon opéra. Il est vrai que je suis ravie de penser au miracle que Dieu a fait pour vous; j'en veux un peu à la prudence humaine; je me souviens de quelques tours qu'elle a faits, et qui sont dignes de risée : la voilà bien décriée pour jamais. Comprenez-vous bien la joie que j'aurai, si je vous revois avec cet aimable visage qui me plaît, un embonpoint raisonnable, une gaîté qui vient quasi toujours de la bonne disposition ? Quand j'aurai autant de plaisir à vous regarder, que j'ai eu de douleur sensible; quand je vous verrai comme vous devez être, étant jeune, et non pas usée, consumée, dépérie, échauffée, épuisée, desséchée; enfin, quand je n'aurai que les chagrins courants de la vie, si je puis jamais avoir cette consolation, je pourrai me vanter d'avoir senti le bien et le mal en perfection. Cependant votre exemple coupe la gorge à droite et à gauche : le duc de Sully dit à sa femme : « Vous êtes malade, venez à Sully : voyez madame

« de Grignan ; le repos de sa maison l'a rétablie, « sans qu'elle ait fait aucun remède. » Mais la duchesse n'approuve point cette ordonnance, et préfère celle de Vesou, qui lui ordonne d'abord deux saignées, deux petites médecines, et vingt jours de bain : j'avoue que je ne comprends guère cette autre extrémité dans le temps où nous sommes, et pour un lieu comme Sully, jusqu'à la Toussaint. Je la vis hier ; elle vous fait mille amitiés.

Je suis fâchée que vous m'ayez écrit tant de lignes pour me persuader que vous ne devez point faire de remèdes, puisque vous vous portez bien. Je suis de votre avis : peut-être que le lait vous est contraire ; suivez votre expérience : le repos et le temps vous sont favorables : laissez-leur, j'y consens, l'honneur tout entier de votre guérison. Plût à Dieu que ce même raisonnement pût servir pour moi comme pour vous ! je n'irais pas à Vichi : mais je ne trouve pas que vous vouliez m'en dispenser ; la précaution vous paraît une nécessité ; et comme on ne voit pas bien si elle est inutile, ou non, je ne dérangerai rien à mes résolutions : en sorte qu'après avoir passé encore huit jours à Livry, et donné quelques jours à Paris pour attraper le seize, je prends le chemin d'Époisses. C'est nous qui faisons marier les filles à la robe : sans notre malheur, Messieurs de la robe ne se marieraient point; on nous a déja répondu en deux occasions, qu'on ne voulait point de nous, parce que nous étions dans l'épée : il faudra suivre votre conseil; et au lieu de quitter la robe pour l'épée, il faudra quitter l'épée pour la robe. Mon fils est bien embarrassé; il ne peut s'appuyer sur ce talon : mais la longueur de cette blessure, qui se joint à la parfaite santé de toutes les autres parties de son corps, et à l'usage qu'il en fait, rendent son séjour équivoque à ceux qui ne sont au monde que pour parler. On a toute la raison de son côté, et cependant on est à plaindre. Je trouve la réputation des hommes bien plus délicate et blonde que celle des femmes. Les apologies continuelles ne font pas un grand profit : de sorte que, sans pouvoir monter à cheval, on veut que mon fils soit à l'armée. Je crie toujours qu'on fasse voir son talon à M. Félix (1). M. Félix n'a pas le loisir, et le temps passe.

D...... entra hier à la Bastille, pour avoir, chez madame la comtesse de Soissons, levé la

___

(1) Premier chirurgien du roi.

canne sur L......., et l'avoir touché, dit-on, quoique légèrement : le comte de Grammont se mit entre deux ; les menaces furent vives. L....... dit à D...... qu'il était un lâche, et que, dans un autre lieu, il n'aurait pas fait tant de bruit. Madame la comtesse alla demander justice au roi contre l'insolence commise dans sa maison. Le roi lui dit qu'elle devrait se l'être faite à elle-même. Le cardinal de Bonzi lui fit des excuses pour D......; elle dit que c'était l'affaire du roi; que si elle eût été chez elle, elle l'eût fait jeter par les fenêtres. D...... est à la Bastille : on va faire des compliments ; je voudrais bien aller chez la L......., et faire compliment à D...... : si vous ne voulez pas, je n'en ferai point du tout. La dispute était sur huit cents louis que doit L....... et qu'il veut que D...... prenne sur Monsieur. Vous me les paierez : je n'en ferai rien, et le reste. On est si avide de nouvelles, qu'on a pris cette guenille, et qu'on ne parle d'autre chose.

Madame de La Fayette est toujours mal : nous trouvons pourtant qu'elle remonte le Rhône tout doucement, et avec peine ; ce n'est pas le chemin de Grignan ; votre remède ne sera pas suivi. Je n'ai rien à dire de Pauline que ce que je vous en ai déja mandé : je l'aime d'ici; elle est jolie comme un ange; divertissez-vous-en; il y a de certaines philosophies qui sont en pure perte, et dont personne ne nous sait gré. Il est vrai qu'en quittant Grignan il faut la mettre en dépôt, comme vous dites; mais que ce ne soit donc qu'un dépôt, et, cela étant, madame votre belle-sœur est meilleure que nos sœurs (*de Sainte-Marie*), car elles ne rendent pas aisément. La pauvre petite qui est à Aix, est-elle bien? j'y pense fort souvent, et à ce petit marquis, dont il me semble que l'esprit se perd, sans précepteur : mais le moyen d'en envoyer un de si loin? il faut que vous le choisissiez vous-même. La Mousse m'a écrit de Lyon; il ira vous voir à Grignan : cela est bon, et conviendra fort à votre enfant : cette pensée m'a fait plaisir.

Il est revenu un gentilhomme de Commercy, depuis Corbinelli, qui m'a fait peur de la santé du cardinal; ce n'est plus une vie, c'est une langueur : j'aime et honore cette éminence d'une manière à me faire un tourment de cette pensée; le temps ne prend rien sur mes sentiments là-dessus; mais il n'a fait jusqu'ici qu'augmenter la tendresse et la sensibilité que j'ai pour vous; je vous assure qu'il ne travaille que de ce côté-là : mais vous êtes cruelle aussi d'y contribuer comme vous faites : il y a de la méchanceté : vous m'aimez ; vous me le témoignez ; mon cœur s'ouvre à cette joie, et se confirme de plus en plus dans des sentiments qui lui sont naturels ; vous voyez bien l'effet que cela peut faire. Je ne vois ailleurs que des enfants qui haïssent leur mère. C.... me disait l'autre jour qu'il haïssait la sienne comme la peste : par ma supputation elle mourait ce jour-là ; je fus hier lui faire mes compliments ; il n'y était déjà plus. Je lui écrivis un bon billet à mon gré : il est fort barbouillé du plus grand deuil du monde, mais son cœur est à l'aise. Hélas, ma fille ! vous êtes dans l'autre extrémité, et je vous aime aussi, et dois vous aimer plus que ma vie.

Isis est retournée chez MADAME, tout comme elle était, belle comme un ange. Pour moi, j'aimerais mieux ce *haillon* loin que près. On ne parle que des plaisirs de Fontainebleau.

LETTRE CXVII.

A LA MÊME.

A Paris, mardi au soir 11 août 1677.

Vous ne vous plaindrez pas que je ne vous mande rien aujourd'hui. La nouvelle du siége de Charleroi a fait courir tous les jeunes gens, et même les boiteux. Mon fils s'en va demain en chaise, sans nul équipage : tous ceux qui lui disent qu'il ne devrait pas y aller, trouveraient fort étrange qu'il n'y allât pas. Il est donc fort louable de prendre sur lui, pour faire son devoir. Mais savez-vous qui sont ceux déja partis ? C'est le duc de Lesdiguières, le marquis de Cœuvres, Dangeau, la Fare; oui, la Fare, le prince d'Elbeuf, M. de Marsan, le petit de Villarceau : enfin, *tutti quanti*. J'oubliais M. de Louvois, qui partit dès samedi. Bien des gens sont persuadés qu'il n'arrivera de toute cette échauffourée, que le retardement, c'est-à-dire la rupture du voyage de Fontainebleau. M. de Vins, tous les mousquetaires, et tant d'autres troupes, se sont jetés dans Charleroi, qu'on croit qu'avec l'armée de M. de Luxembourg, grossie de beaucoup de régiments sortis des garnisons, et toute prête à secourir, le prince d'Orange n'entreprendra jamais d'en former le siége. Vous souvient-il d'une pareille nouvelle, dont nous écrivions de Lambesc des lamentations, qu'on ne reçut que cinq ou six jours après que le siége fut levé ? Peut-être que cette fois ils seront encore plus honnêtes, et se contenteront d'avoir investi la place : vous en saurez la suite. Ce qu'il y a présentement, c'est le départ des guerriers. Je revins hier de Livry, et pour dire adieu à mon fils, et pour me préparer à partir lundi. Mais il faut que je vous mande une mort qui vous surprendra, c'est de la pauvre madame du Plessis-Guénégaut (1). Elle tomba malade la semaine passée, un accès de fièvre, et puis un autre, et puis un autre, et puis le transport au cerveau; l'émétique qu'il fallait donner, point donné, parce que Dieu ne voulait pas; et cette nuit, qui était la septième, elle est morte sans connaissance. Cette nouvelle m'a surprise et touchée ce matin : je me suis souvenue de tant de

---

(1) Isabelle de Choiseul-Praslin, fille de Charles de Choiseul, maréchal de France.

choses, que j'en ai pleuré de tout mon cœur. Je n'étais son amie que par réverbération, comme vous savez : mais nous étions selon son goût, et je crois que bien de ses anciennes amies n'en sont pas plus touchées que moi. J'ai été chercher toute la famille : on ne les voyait point; je voulais donner de l'eau bénite, et méditer sur la vie et la mort de cette femme : on n'a point voulu; de sorte que je m'en suis allée chez madame de La Fayette, où l'on a fort parlé de cette triste aventure. Ses derniers malheurs étaient sans nombre : elle avait un arrêt favorable; et M. de Poncet, par cruauté, ne le voulait pas signer, que certaines choses inutiles ne fussent achevées. Cet injuste retardement, à quoi elle ne s'attendait pas, la saisit à un tel point, qu'elle revint chez elle avec la fièvre, et la voilà : cela veut dire communément que c'est M. de Poncet qui l'a tuée, que les médecins ont achevé, en ne lui donnant point d'émétique.

Mais, ma fille, nous autres qui lisons dans la Providence, nous croyons que son heure était marquée de toute éternité : tous ces petits évènements se sont enchaînés et entraînés les uns après les autres pour en venir là. Tous ces raisonnements ne consolent pas ceux qui sont vivement touchés; mais elle sera fort mal pleurée ; toutes les douleurs sont équivoques : *On ne pouvait plus la satisfaire ; sa mauvaise fortune avait aigri son esprit.* Vous entendez tout ce que je veux dire. Je me suis un peu étendue sur cette mort : mais il me semble que vous m'écoutez avec attention : j'en fais de même de tout ce que vous m'écrivez ; tout est bon ; et quand vous croyez vous écarter, vous n'allez pas moins droit ni moins juste.

Vous avez fait une rude campagne dans l'Iliade : vous nous en avez parlé fort plaisamment. On espère que celle du maréchal de Créqui sera plus heureuse : les Allemands sont à Mouzon (1) : il y a bien loin de là où ils étaient, il y a deux ans (2). L'armée de M. de Créqui a changé de nom, comme vous dites fort bien (3). M. de Schomberg a été voir le maréchal de Créqui, disant qu'il sortait de sa garnison pour venir servir de volontaire auprès de lui ; qu'il était inutile où il était, et qu'il avait écrit au roi pour lui offrir son service, comme un vieux

(1) Ville de Champagne sur la Meuse.
(2) Du temps que Turenne et Condé commandaient les armées.
(3) C'était auparavant l'armée de Schomberg.

soldat. Le maréchal de Créqui répondit par des civilités infinies ; et le maréchal de Schomberg s'en est retourné, n'y ayant rien à faire.

Vous avez donc usé du cérémonial de province à la rigueur avec vos dames. Si elles vous eussent parlé de les quitter pour m'écrire, vous m'eussiez renoncée : qu'est-ce qu'une mère ? écrit-on à une mère ? Vraiment, ma fille, vous me gâtez si fort par l'amitié que vous avez pour moi que je ne puis plus être contente d'aucune de toutes les amitiés que je vois dans les familles. Nous avons eu à Livry M. de Simiane et la bonne d'Escars ; ils furent fort contents de cette promenade : votre petit Arnoux était avec nous : il y était déja venu avec Guintrandi, qui avait l'*inconstance*. Arnoux est plus joli, mais il est trop joli ; car il chante à Versailles ; il espère que M. de Rheims le prendra pour sa musique ; il a sept cents francs à la Sainte-Chapelle ; il se plaît fort à Paris. Voyez si vous penseriez qu'un petit garçon tel que le voilà, pût se borner à Grignan, dans l'espérance d'un bénéfice ! c'est une raillerie ; vous lui donneriez cinq cents écus, qu'il ne le voudrait pas. Otez-vous donc cela de l'esprit, M. le comte, et faites comme moi ; quand je vois qu'on languit chez moi, et qu'on espère mieux, qu'on s'y tient misérable, en même temps il me prend une extrême envie de ne plus voir ces gens-là. Je me réjouis de votre santé; si vous vous serviez de vos maximes pour moi comme pour vous, je n'irais pas à Vichi.

LETTRE CXVIII.

A LA MÊME.

A Époisses, samedi 21 août 1677.

Nous arrivâmes ici hier au soir à deux heures du matin ; nous pensâmes verser mille fois dans des ravines, que nous eussions fort aisément évitées, si nous eussions eu seulement la lumière d'une petite bougie : mais c'est une belle chose que de ne voir ni ciel, ni terre. Enfin nous envoyâmes ici au secours : nous y arrivâmes comme le maître du château (*M. de Guitaut*) allait se mettre au lit. Vous savez qu'on ne demeure jamais ; et ce qui vous surprendra, c'est que je n'avais point de peur ; ce fut la bonne tête de l'abbé qui voulut faire ces quatorze lieues d'Auxerre ici, qui ne se font pas ordinairement. J'étais levée dès trois heures ; de sorte que je me suis reposée avec un grand plaisir dans cette belle maison, où nous regrettons de n'avoir point la maîtresse du logis. Vous connaissez le maître, et le bon air, et le bon esprit qu'il a pour ceux qu'il aime un peu ; il m'assure que je suis de ce nombre, et je

le crois par l'amitié qu'il a pour vous ; il me
sait si bon gré de vous avoir mise au monde,
qu'il ne sait quelle chère me faire. Nos conversations sont infinies ; il aime à causer ; et
quand on me met en train, je ne fais pas trop
mal aussi ; de sorte qu'on ne peut pas être
mieux ensemble que nous y sommes. Si les oreil-
les vous tintent, ne croyez pas que ce soit une
vapeur, c'est que nous parlons fort de vous.
J'espérais trouver ici une de vos lettres ; j'avais
déja été trompée à Auxerre ; huit ou neuf jours
sans entendre un mot de vous me paraissent bien
longs : j'en suis un peu triste. Je compte recevoir de vos nouvelles avant que de fermer cette
lettre ; c'est une chose bien essentielle à mon
cœur que de vous aimer et de penser à vous.
Nous avons déja commencé à gronder de nos
huit mille francs de réparations, et de ce qu'on
a vendu mon blé trois jours avant qu'il soit en-
chéri ; cette petite précipitation me coûte plus
de deux mille francs ; mais je ne m'en soucie
point du tout ; voilà où la Providence triomphe :
quand il n'y a point de ma faute, je me console
tout aussitôt. Je vous ai envoyé un gros paquet
d'Auxerre ; je l'avais écrit de deux ou trois endroits. Je n'ai trouvé ici que les mêmes nou-

velles que je reçus à Melun, c'est-à-dire la levée du siége de Charleroi. Nos bons ennemis ne songent qu'à ne point troubler ma tranquillité ; aussi je les aime tendrement.

LETTRE CXIX.

A LA MÊME.

A Époisses, mercredi matin 25 août 1677.

C'est encore ici, ma très chère, que j'ai reçu votre lettre du 11 ; je l'attendais avec impatience : je ne suis pas accoutumée à de tels retardements ; c'est le chagrin de mon voyage, de me voir ainsi dérangée. M. de Guitaut me persuade fort qu'il est aise que je sois ici ; tous nos gens sont à Bourbilly : le fermier nous y donna hier à tous un fort grand dîner, M. de Guitaut, M. de Trichâteau, cela paraissait beaucoup dans cette horrible maison. Je serai encore ici jusqu'à dimanche, et vous écrirai encore une fois. Il y a dans cette maison une grande liberté ; j'y lis, j'y travaille, je me promène ; nous causons fort agréablement le maître du logis et moi : je ne sais quel pays nous ne battons point : il me conte mille choses de Provence, de vous, de l'intendant, de Vardes, que je ne savais pas. Il me paraît fort occupé de son salut ; il se sert de bons maîtres pour se conduire ; il est possédé de l'envie de payer ses dettes, et de n'en point faire de nouvelles : c'est le premier pas que l'on fait dans ce chemin, quand on sait sa religion. Il ne laisse pas d'être de fort bonne compagnie ; mais cela passera ; car la charité du prochain commence déja à lui couper des paroles par la moitié. Il vous aime, il vous estime au-dessus de tout ; et je m'assure que ce n'est point lui qui a déserté ; vous ne voulez donc pas me dire qui c'est ? Croyez-vous que je le dirais, si vous m'aviez priée sérieusement de ne pas le faire ? Eh bien, ma belle, je ne vous en parlerai plus.

Vous me contez une chose terrible de l'embrasement de cette galère ; hélas ! ce pauvre Saint-Mêmes, il me semble que je le vois. Mais d'où vient que vous ne trouvez pas aussi extraordinaire ce que nous vous mandons du prince d'Orange ? il assiége Charleroi : il voit notre armée ; il en est tellement surpris, qu'il décampe au même instant, et s'en va vers Maëstricht. Il fut surpris, comme s'il n'avait pas ouï dire qu'il y eût une armée française en Flandre : on assure qu'il nous a fait grand plaisir, car il était si bien posté, que nous avions bien de la peine à trouver notre place : voilà la seconde fois qu'il nous tire de cet embarras ; vous savez que je l'avais deviné. Tous nos volontaires sont revenus : pensez-vous que cette nouvelle ne valût pas son prix dans la gazette de Hollande, si elle osait nous en parler sincèrement? Je n'ai point de nouvelles de mon fils ; je ne crois pas qu'il soit revenu ; il aura sans doute continué son chemin, et aura bien fait : il n'était pas possible qu'il demeurât à Paris : il faudrait pour cela qu'il eût pris la figure et la conduite d'un homme blessé ; et je vous ai dit qu'il ressemblait comme deux gouttes d'eau à un petit homme qui se portait parfaitement bien. Le public est impitoyable sur la réputation des guerriers.

LETTRE CXX.

A LA MÊME.

A Vichi, samedi au soir 4 septembre 1677.

J'AI reçu deux de vos lettres en arrivant, ma très chère; j'en avais grand besoin : mon cœur était triste, me voilà bien : je les relirai, ce m'est une consolation. Je vous promets de ne plus écrire qu'un mot, passé aujourd'hui; mais faites-en donc de même : vous êtes excédée d'écriture, et c'est être malade à votre âge, que d'être maigre au point que vous l'êtes; je hais, il est vrai, de voir si visiblement la côte d'Adam en votre personne. Ma fille, ne me grondez pas ce soir, je veux un peu parler : j'arrive; je me repose demain; rien ne m'oblige à me taire. M. de Champlâtreux est déja venu me voir; le bon abbé le trouve d'une bonne société; il lui donnera souvent à dîner. Savez-vous qui m'a déja envoyé faire un compliment? M. le marquis de Termes, qui arriva hier tout malade de goutte et de colique : on dit qu'il a la barbe longue comme un capucin : ah! c'est fort bien fait. Le chevalier de Flamarens est avec lui, M. et madame d'Albon y sont aussi, M. de Jussac : on attend encore bien du monde. J'oublie le meilleur, c'est Vincent qui sort déja d'ici, et qui prendra des soins de moi extrêmes. Je me porte très bien ; je ne sais que souhaiter de mieux, sinon de clouer ce bienheureux état. Je vous écrivis hier de la Palice ; j'y vis un petit garçon que je trouvai joli ; il a sept ans ; je suis sûre qu'il ressemble au vôtre : son père, qui est un gentilhomme de M. de Saint-Géran, lui a appris l'exercice du mousquet et de la pique ; c'est la plus jolie chose du monde ; vous aimeriez ce petit enfant ; cela lui dénoue le corps ; il est délibéré, adroit, résolu. Son père passe sa vie à la guerre ; il est convalescent à la Palice, et se divertit à rendre son fils un vrai petit soldat ; j'aimerais mieux cela qu'un maître à danser : si le hasard vous envoyait un tel homme, prenez le même plaisir sur ma parole. M. l'archevêque a écrit au bon abbé tout ce qui peut se mander d'obligeant et de tendre pour l'engager au voyage de Grignan ; mais je ne vois pas que cela l'ébranle, quoiqu'il en soit touché. J'aurais bien à causer sur vos deux lettres que voilà ; mais quoique je ne sois pas encore initiée à la fontaine, je veux vous donner l'exemple. Un homme de la cour

disait l'autre jour à madame de Ludre : « Mada-
« me, vous êtes, ma foi, plus belle que jamais. »
— « Tout de bon? *dit-elle*, j'en suis bien aise,
« c'est un ridicule de moins. » J'ai trouvé cela
plaisant. Madame de Coulanges a des soins de
moi admirables ; je regarde autour de moi ; est-
ce que je suis en fortune ? Elle me rend le tam-
bourinage qu'elle reçoit de beaucoup d'autres.
La Bagnols m'écrit aussi mille douceurs tortil-
lonnées. Adieu, ma chère enfant ; évitez le cœur
de l'hiver pour revenir, et le détour de Rheims.
Croyez-moi, il n'y a point de santé qui puisse
résister à ces fatigues ; les voyages usent le corps
comme les équipages.

LETTRE CXXI.

A LA MÊME.

A Vichi, jeudi à quatre heures du soir 16 septembre 1677.

DEMANDEZ au chevalier de Grignan si je n'ai pas bien du soin de lui, si je ne lui donne pas un bon médecin, et si moi-même je n'en suis pas un admirable. Je n'eusse jamais cru voir à Vichi les chiens de visages que j'y vois : comme on est toujours rassemblé, ce qu'il y a de meilleur se met ensemble, et cela compose une fort bonne compagnie. Je traite fort sérieusement la santé du chevalier : je verrai les commencements de ses remèdes, et le laisserai en bon train avant que de partir. Je commence la douche aujourd'hui ; je crois qu'elle me sera moins rude que l'année passée ; car j'ai devant et après moi Jussac, Termes, Flamarens, chacun sa demi-heure; cela fait une société de *misérables*, qui ne le sont pas trop. Je vous en manderai des nouvelles; ils ont déjà commencé, et trouvent que c'est la plus jolie chose du monde. Mon Dieu, ma fille, que vous avez été vivement et dangereusement malade! c'était justement le 15 août, un dimanche; vous ne pûtes m'écrire, et la confusion de mon départ m'a détournée de l'inquiétude que cela m'aurait donnée dans un autre temps. Cette gorge enflammée fait grand'peur, et la fièvre! ah, ma chère enfant! quand on a le sang de cette furie, c'est bientôt fait. Vous eûtes la fièvre : vous fûtes saignée deux fois en un jour; et puis, une cuisse et les jambes enflées; quelle malignité d'humeur! et où en étions-nous, si cette humeur s'était jetée sur votre poitrine! Dieu merci, vous êtes guérie de ce mal; voilà qui est fait, je n'en ai nulle inquiétude : mais j'admire que, pour me tromper, vous ayez toujours pu m'écrire de si grandes lettres! N'y aurait-il donc personne qui ait le pouvoir d'obtenir de vous quelque espèce de soin et de régime pour votre santé? Ne voulez-vous point tempérer un peu ce sang si enragé? Je ne vois personne qui ne songe à sa vie et à sa santé : tout ce qui se passe ici le marque assez. Il n'y a que vous qui sembliez avoir envie d'expédier promptement votre rôle : cependant, si vous m'aimiez, vous auriez un peu plus de pitié de moi : quand je songe à tout ce que je fais pour vous plaire uniquement, et comme je m'en vais attaquer courageusement, et de bon

cœur, une santé parfaite, par la seule envie de
mettre votre esprit en repos, sans que je puisse
obtenir de vous de suivre les avis de Guisoni, je
me perds dans cette pensée. Je n'ai jamais vu de
belle, ni de jolie femme, prendre plaisir à se détruire. Tout le monde éprouve qu'on se guérit
de toutes sortes de maux par des remèdes, et
vous affectez de n'en faire aucun ; ils sont pourtant nécessaires, et je m'en suis bien trouvée aux
Rochers : enfin, vous êtes bien nommée un prodige. Voilà ce que je voulais vous dire, pour soulager mon cœur, je ne vous en parlerai plus : ne
croyez pas que je veuille recommencer les chagrins passés ; Dieu m'en préserve : mais je n'ai
pu résister à l'envie de vous faire remarquer
combien ma complaisance est au-dessus de la
vôtre.

Je crois que d'Hacqueville nous a pris *la Car-
navalette* ; nous nous y trouverons fort bien ; il
faudra tâcher de s'y accommoder, rien n'étant
plus honnête ni à meilleur marché que de loger
ensemble. J'espère que ce voyage, qui est l'ouvrage de la politique de toute la famille, sera
aussi heureux que l'autre a été triste et désagréable par le mauvais état de votre santé. Cette Vala-
voire ne me dit point que vous eussiez été mal,

vous l'aviez bien endoctrinée; et je vous écrivais dans ce temps-là des folies de Saulieu. Enfin, ma fille, n'en parlons plus; vous êtes peut-être plus docile, voyant les impétuosités de ce sang; et de mon côté, je bois l'eau la plus salutaire, et par le plus beau temps, et dans le plus beau lieu, et avec la plus jolie compagnie qu'on puisse souhaiter. Bon Dieu, que ces eaux seraient admirables pour M. de Grignan ! le *bien bon* en prend pour purger tous ses bons dîners, et se précautionner pour dix ans. Adieu, mon ange, écrivez à madame de Coulanges, je vous en prie.

LETTRE CXXII.

A LA MÊME.

A Gien, vendredi 1er octobre 1677.

Nous avons fait cette après-dînée un tour que vous auriez bien aimé : nous devions quitter notre bonne compagnie dès midi, et prendre chacun notre parti, les uns vers Paris, les autres à Autri. Cette bonne compagnie n'ayant pas été préparée assez tôt à cette triste séparation, n'a pas eu la force de la supporter, et a voulu nous suivre à Autri : nous avons représenté les inconvénients; enfin, nous avons cédé. Nous avons donc passé la rivière de Loire à Châtillon tous ensemble; le temps était admirable, et nous étions ravis de voir qu'il faille que le bac retournât pour aller prendre l'autre carrosse. Comme nous étions à bord, nous avons discouru du chemin d'Autri; on nous a dit qu'il y avait deux mortelles lieues, des rochers, des bois, des précipices : nous qui sommes accoutumés depuis Moulins à courir la bague, nous avons eu peur de cette idée; et toute la bonne compagnie, et nous conjointement, nous avons repassé la rivière, en pâmant de rire de ce petit dérangement; tous nos gens en faisaient autant, et dans cette belle humeur nous avons repris le chemin de Gien, où nous voilà tous; et après que la nuit nous aura donné conseil, qui sera vraisemblablement de nous séparer courageusement, nous irons, la bonne compagnie de son côté, et nous du nôtre.

Hier au soir à Cône, nous allâmes dans un véritable enfer, ce sont des forges de Vulcain : nous y trouvâmes huit ou dix Cyclopes forgeant, non pas les armes d'Énée, mais des ancres pour les vaisseaux : jamais vous n'avez vu redoubler des coups si justes, ni d'une si admirable cadence. Nous étions au milieu de quatre fourneaux ; de temps en temps, ces démons venaient autour de nous, tout fondus de sueur, avec des visages pâles, des yeux farouches, des moustaches brutes, des cheveux longs et noirs; cette vue pouvait effrayer des gens moins polis que nous. Pour moi, je ne comprenais pas qu'il fût possible de résister à nulle des volontés de ces messieurs-là dans leur enfer. Enfin, nous en sortîmes avec une pluie de pièces de quatre sous dont nous eûmes soin de les rafraîchir pour faciliter notre sortie.

Nous avions vu, la veille, à Nevers, une course la plus hardie qu'on puisse s'imaginer : quatre belles dans un carrosse nous ayant vus passer dans les nôtres, eurent une telle envie de nous revoir, qu'elles voulurent gagner les devants lorsque nous étions sur une chaussée qui n'a jamais été faite que pour un carrosse. Ma fille, leur cocher nous passa témérairement sur la moustache : elles étaient à deux doigts de tomber dans la rivière ; nous criions tous miséricorde, elles pâmaient de rire, et coururent de cette sorte, et par-dessus nous, et devant nous, d'une si surprenante manière, que nous en sommes encore effrayés.

Voilà, ma très chère, nos plus grandes aventures : car de vous dire que tout est plein de vendanges et de vendangeurs, cette nouvelle ne vous étonnerait pas au mois de septembre. Si vous aviez été Noé, comme vous disiez l'autre jour, nous n'aurions pas trouvé tant d'embarras. Je veux vous dire un mot de ma santé, elle est parfaite ; les eaux m'ont fait des merveilles, et je trouve que vous vous êtes fait un dragon de cette douche : si j'avais pu le prévoir, je me serais bien gardée de vous en parler ; je n'eus aucun mal de tête ; je me trouvai un peu de chaleur à la gorge ;

et comme je ne suai pas beaucoup la première fois, je me tins pour dit que je n'avais pas besoin de transpirer comme l'année passée : ainsi, je me suis contentée de boire à longs traits, dont je me porte très bien : il n'y a rien de si bon que ces eaux.

LETTRE CXXIII.

A LA MÊME.

A Paris, mercredi 27 octobre 1677.

MA fille, je ne vous ferai plus de question : comment ! en trois mots, les chevaux sont maigres, ma dent branle, le précepteur a les écrouelles ; cela est épouvantable ; on ferait fort bien trois dragons de ces trois réponses, surtout de la seconde. Je ne vous demande pas, après cela, si votre montre va bien ; vous me direz qu'elle est rompue. Pauline répond bien mieux que vous ; il n'y a rien de plus plaisant que la finesse qu'entend cette petite friponne à dire qu'*elle sera friponne quelque jour.* Ah, que j'ai de regret de ne point voir cette jolie enfant ! il me semble que vous m'en consolerez bientôt : si vous suivez mes projets, vous partez d'aujourd'hui en huit jours, et vous ne recevrez plus que cette lettre à Grignan. M. de Coulanges est parti ce matin par la diligence pour aller à Lyon ; vous l'y trouverez ; il vous dira comme nous sommes logés fort honnêtement. Il n'y avait pas à balancer à prendre le haut pour nous deux, le bas pour M. de Grignan et ses filles : tout sera fort bien.

Je recommande à tous vos Grignans, qui ont tant de soin de votre santé, de vous empêcher de tomber dans le Rhône, par la cruelle hardiesse qui vous fait trouver beau de vous exposer aux endroits les plus périlleux : je les prie d'être des poltrons, et de descendre avec vous. Je trouve, au reste, que je serai bien heureuse de vous donner ma poule bouillie : la place que vous me demandez à ma table vous est bien parfaitement assurée; le régime que vos Grignans vous font observer est fait exprès pour mon ordinaire : je m'entends avec Guisoni pour le retranchement de tous les ragoûts. Venez donc, ma très aimable, on ne vous défend pas d'être reçue avec un cœur plein d'une véritable tendresse : c'est de ce côté que je vous ferai de grands festins.

Je suis fort aise de vous voir disposée comme vous êtes pour M. de Marseille : eh, mon Dieu, que cela est bien! et qu'il y a de noirceur et d'apparence d'aigreur à conserver long-temps ces sortes de haines! elles doivent passer avec les affaires qui les causaient : et, en effet, pourquoi se charger le cœur d'une colère nuisible en ce monde et en l'autre? Tout ce qui fâche M. de Grignan, c'est que votre médecin ait eu sur vous plus de pouvoir que votre confesseur. Le chevalier est bien plaisant de vouloir empêcher la bise de souffler ; elle est dans son château avant lui, et l'en chassera plutôt qu'elle n'en sera chassée. M. le chancelier (*d'Aligre*) est mort de pure vieillesse. J'ai mille bagatelles à vous conter ; mais ce sera quand je vous verrai : mon Dieu, quelle joie! je souhaite que l'or potable fasse du bien à la belle Rochebonne. Madame de Sanzei prendrait tous les remèdes les plus difficiles pour être guérie (1). La fièvre reprend à tout moment à notre pauvre cardinal ; vous devriez joindre vos instances aux nôtres pour lui faire quitter un air si maudit; il ne peut pas aller loin avec une fièvre continuelle; j'en ai le cœur bien triste.

C'est M. le Tellier qui est chancelier ; je trouve cela fort bien : il est beau de mourir dans la dignité (2).

---

(1) D'une surdité qui lui était survenue.
(2) M. le Tellier était âgé en ce temps-là de soixante quatorze ans; il mourut le 28 octobre 1685.

LETTRE CXXIV.

MADAME DE SÉVIGNÉ AU COMTE DE BUSSY.

A Paris, ce 8 décembre 1677.

Ma fille est ici ; mais comme il n'y a pas un plaisir pur en ce monde, la joie que j'ai de la voir est fort troublée par le chagrin de sa mauvaise santé. Imaginez-vous, mon pauvre cousin, que cette petite jolie personne, que vous avez trouvée si souvent à votre gré, est devenue d'une maigreur et d'une délicatesse qui la rend une autre personne ; et sa santé est tellement altérée, que je ne puis y penser sans en avoir une véritable inquiétude. Voilà ce que le bon Dieu me gardait, en me redonnant ma fille. Je ferais des réflexions d'ici à demain. Il vaut mieux vous demander des nouvelles de notre veuve : comment elle se trouve de sa fièvre quarte, et si l'hiver, joint avec ce triste mal, ne fait pas un grand trouble à la tranquillité de sa vie. Il n'y en a guère qui soit exempte de nuage. Je vous la recommande, et vous à elle. Il ne faut que le bonheur d'une si douce société pour adoucir toutes les peines. Croiriez-vous bien que je ne sais point de nouvelles? La prise de Fribourg nous a comblés de joie et de gloire, et a contraint le gazetier de Hollande d'avouer bonnement qu'il n'y a pas le mot à dire sur la campagne du roi : que trois grandes villes prises, une bataille gagnée, et Fribourg pris, pour dire adieu aux Allemands (1), est une suite de bonheur si extraordinaire qu'il n'y a qu'à l'admirer. Je trouve ce style fort plaisant. Adieu, mon cher cousin ; aimons-nous toujours bien, nous ne saurions mieux faire. J'en dis autant à ma nièce.

(1) Fribourg, mal défendu, fut pris le   novembre, après cinq jours de tranchée ouverte.

LETTRE CXXV.

AU MÊME.

A Paris, ce 20 juin 1678.

Quelle folie de ne vous point écrire, puisque je fais le principal, qui est de me souvenir tous les jours de vous ! Quand on n'a point de bonne raison, il n'en faut dire aucune. Voilà donc la paix, mon cher cousin. Le roi a trouvé plus beau de la donner cette année à toute l'Europe, que de prendre le reste de la Flandre; il la garde pour une autre fois. Êtes-vous à Chaseu, mon cher cousin, dans cet aimable lieu? J'en ai le paysage dans la tête, et je l'y conserverai soigneusement, mais encore plus l'aimable père et l'aimable fille, qui ont leur place dans mon cœur. Voilà bien des aimables. Mais ce sont des négligences dont je ne puis me corriger. J'espère que si mes lettres méritaient d'être lues deux fois il se trouverait quelque charitable personne qui les corrigerait. Notre ami Corbinelli est allé trouver M. de Vardes, pour l'obliger de profiter de la permission que le roi a donnée à M. de Rohan d'épouser sa fille. Ce mariage est agréable pour de Vardes, et d'autant plus qu'on ne parle point de sa charge, qui sera vendue à quelque autre, selon la volonté du roi.

Madame de Monaco est partie de ce monde avec une contrition fort équivoque, et fort confondue avec la douleur d'une cruelle maladie. Elle a été défigurée avant que de mourir. Son desséchement a été jusqu'à outrager la nature par le dérangement de tous les traits de son visage. Adieu, mon cousin, que dites-vous de *la Princesse de Clèves?* J'embrasse ma nièce : je l'aime et je la prie, et vous aussi, de m'aimer toujours.

LETTRE CXXVI.

AU MÊME.

A Livry, ce 23 août 1678.

Ou est donc votre fils, mon cousin? pour le mien, il ne mourra jamais, puisqu'il n'a pas été tué dix ou douze fois auprès de Mons. La paix étant faite et signée le 9 août (1), M. le prince d'Orange a voulu se donner le divertissement de ce tournoi. Vous savez qu'il n'y a pas eu moins de sang répandu qu'à Senef. Le lendemain du combat il envoya faire ses excuses à M. de Luxembourg, et lui manda que s'il lui avait fait savoir que la paix était signée, il se serait bien gardé de le combattre. Cela ressemble assez à l'homme qui se bat en duel à la comédie, et qui demande pardon à tous les coups qu'il donne dans le corps de son ennemi.

Les principaux officiers des deux partis prirent donc dans une conférence un air de paix, et convinrent de faire entrer du secours dans

---

(1) D'Avrigny dit le 11.

Mons. Mon fils était à cette entrevue romanesque. Le marquis de Grana demanda à M. de Luxembourg, qui était un escadron qui avait soutenu, deux heures durant, le feu de neuf de ses canons, qui tiraient sans cesse pour se rendre maîtres de la batterie que mon fils soutenait. M. de Luxembourg lui dit que c'étaient les gendarmes-dauphins, et que M. de Sévigné, qu'il lui montra là présent, était à leur tête. Vous comprenez tout ce qui lui fut dit d'agréable, et combien, en pareille rencontre, on se trouve payé de sa patience. Il est vrai qu'elle fut grande; il eut quarante de ses gendarmes tués derrière lui. Je ne comprends pas comment on peut revenir de ces occasions si chaudes et si longues, où l'on n'a qu'une immutabilité qui nous fait voir la mort mille fois plus horrible que quand on est dans l'action, et qu'on s'occupe à battre et à se défendre.

Voilà l'aventure de mon pauvre fils ; et c'est ainsi que l'on en usa le propre jour que la paix commença. C'est comme cela qu'on pourrait dire de lui plus justement qu'on ne disait de Dangeau : Si la paix dure dix ans, il sera maréchal de France.

LETTRE CXXVII.

AU MÊME.

A Paris, ce 12 octobre 1678.

J'ai reçu deux de vos lettres, mon cousin. Dans l'une vous me contez votre vie, et de quelle manière vous vous divertissez. Je trouve que vous avez une très bonne compagnie, et que vous faites un très bon usage de tout ce qui peut contribuer à vous faire une société douce; et si nous étions dans un règne moins juste que celui-ci, on pourrait bien vous changer un exil que vous rendez trop agréable, comme on fit à un Romain. On apprit qu'il passait la plus douce vie du monde dans une île où il était exilé, on le rappela à Rome, et on le condamna à y vivre avec sa femme. Je suis charmée que vous me promettiez de m'aimer, ma nièce de Coligny et vous. Je suis ravie de vous plaire, et d'être estimée de vous deux. Nous nous mîmes l'autre jour à parler d'elle, ma fille, M. de Corbinelli et moi; en vérité, elle fut célébrée dignement; et l'un des plus beaux endroits que nous trouvassions en elle, fut la tendresse et l'attachement qu'elle a pour vous, et le plaisir qu'elle prend à divertir votre exil; cela vient d'un fonds héroïque. Mademoiselle de Scudéry dit, que la vraie mesure du mérite se doit prendre sur l'étendue de la capacité qu'on a d'aimer. Jugez par là du prix de votre fille. Il faut louer aussi ceux qui sont dignes d'être aimés. Ceci vous regarde, mon cousin.

Au reste, je vous réponds de votre incorruptibilité tant que vous serez ensemble.

L'armée de M. de Luxembourg n'est point encore séparée; les goujats parlent même du siège de Trèves ou de Juliers. Je serai au désespoir, s'il faut que je reprenne encore les pensées de la guerre. Je voudrais fort que mon fils et mon bien ne fussent plus exposés à leurs glorieuses souffrances. Il est triste de s'avancer dans le pays de la misère; c'est ce qui est indubitable dans votre métier.

Vous savez, je crois, que madame de Meckelbourg, s'en allant en Allemagne, a passé par l'armée de son frère (1). Elle y a été trois jours comme Armide au milieu de tous ces honneurs militaires qui ne se rendent pas à petit bruit.

(1) Le maréchal de Luxembourg.

Je ne puis comprendre comment elle put songer à moi en cet état. Elle fit plus, elle m'écrivit une lettre fort honnête qui me surprit extrêmement; car je n'ai aucun commerce avec elle. Elle pourrait faire dix campagnes et dix voyages en Allemagne sans penser à moi, que je ne serais pas en droit de m'en plaindre. Je lui mandai que j'avais bien lu des princesses, dans les armées, se faisant adorer et admirer de tous les princes, qui étaient autant d'amants : mais que je n'en avais jamais vu une qui, dans ce triomphe, s'avisât d'écrire à une ancienne amie qui n'avait point la qualité de confidente de la princesse.

M. de Brandebourg et les Danois ont si bien chassé les Suédois de l'Allemagne, que cet électeur n'a plus rien à faire qu'à venir joindre nos ennemis. On craint que cela ne retarde la paix des Allemands.

« La cour est à Saint-Cloud; le roi veut aller
« à Versailles : mais il semble que Dieu ne le
« veuille passe, par l'impossibilité de faire que
« les bâtiments puissent le recevoir, et par la
« mortalité prodigieuse des ouvriers, dont on
« emporte toutes les nuits, comme de l'Hôtel-
« Dieu, des chariots pleins de morts : on cache
« cette triste marche pour ne pas effrayer les

« ateliers, et ne pas décrier l'air de ce *favori*
« *sans mérite*. Vous savez ce bon mot sur Ver-
« sailles. »

Nous sommes revenus de Livry plus tôt que nous ne voulions, à cause d'une fièvre qui prit fortement à l'une de mesdemoiselles de Grignan. Nous nous raccoutumons à la bonne ville insensiblement. Nous pleurions quasi quand nous quittâmes notre forêt. Le bon Corbinelli est enrhumé et garde la chambre. La santé de ma fille, qui nous donnait quelque espérance de se rétablir, est redevenue maladie, c'est-à-dire une extrême délicatesse : cela ne l'empêche pas de vous aimer et de vous honorer.

LETTRE CXXVIII.

AU MÊME.

A Paris, ce 29 mai 1679.

Que dit-on quand on a tort ? Pour moi, je n'ai pas le mot à dire ; les paroles me sèchent à la gorge : enfin, je ne vous écris point, le voulant tous les jours, et vous aimant plus que vous ne m'aimez : quelle sottise de faire si mal valoir sa marchandise ! Car c'en est une très bonne que l'amitié, et j'ai de quoi m'en parer quand je voudrai mettre à profit tous mes sentiments. Il y a dix jours que nous sommes tous à la campagne par le plus beau temps du monde ; ma fille s'y porte assez bien : je voudrais bien qu'elle me demeurât tout l'été ; je crois que sa santé le voudrait aussi ; mais elle a une raison austère, qui lui fait préférer son devoir à sa vie. Nous l'arrêtâmes l'année passée ; et parce qu'elle croit se porter mieux à présent, je crains qu'elle ne nous échappe celle-ci. Je vis l'autre jour le bon père Rapin, je l'aime, il me paraît un bon homme et un bon religieux ; il a fait un discours sur l'histoire et sur la manière de l'écrire, qui m'a paru admirable. Le père Bouhours était avec lui; l'esprit lui sort de tous côtés. Je fus bien aise de les voir tous deux. Nous fîmes commémoration de vous, comme d'une personne que l'absence ne fait point oublier. Tout ce que nous connaissons de courtisans nous parurent indignes de vous être comparés, et nous mîmes votre esprit dans le rang qu'il mérite. Il n'y a rien de quoi je parle avec tant de plaisir.

Avez-vous lu la vie du grand Théodose, par l'abbé Fléchier? Je la trouve belle.

Vous savez toutes les nouvelles, mon cher cousin; que vous dirai-je? Le moyen de raisonner sur ce qui est arrivé, non plus que sur les difficultés du Brandebourg, qui fait faire encore à bien des officiers un voyage en Allemagne?

Mais que dites-vous de notre pauvre Corbinelli? Sa destinée le force à soutenir un procès par pure générosité pour une de ses parentes. Sa philosophie en est entièrement dérangée. Il est dans une agitation perpétuelle. Il y épuise sa santé et sa poitrine. Enfin, c'est un malheur pour lui, dont tous ses amis sont au désespoir.

LETTRE CXXIX.

AU MÊME.

A Paris, ce 27 juin 1679.

Je n'ai pas le mot à dire à tout le premier article de votre lettre, sinon que Livry c'est mon lieu favori pour écrire. Mon esprit et mon corps y sont en paix; et quand j'ai une réponse à faire, je la remets à mon premier voyage. Mais j'ai tort, cela fait des retardements dont je veux me corriger. Je dis toujours que si je pouvais vivre seulement deux cents ans, je deviendrais la plus admirable personne du monde. Je me corrige assez aisément, et je trouve qu'en vieillissant même j'y ai plus de facilité. Je sais qu'on pardonne mille choses aux charmes de la jeunesse qu'on ne pardonne point quand ils sont passés. On y regarde de plus près; on n'y excuse plus rien; on a perdu les dispositions favorables de prendre tout en bonne part; enfin, il n'est plus permis d'avoir tort; et dans cette pensée, l'amour-propre nous fait courir à ce qui nous peut soutenir contre cette cruelle décadence qui, malgré nous, gagne tous les jours quelque terrain.

Voilà les réflexions qui me font croire que dans l'âge où je suis on se doit moins négliger que dans la fleur de l'âge. Mais la vie est trop courte; et la mort nous prend, que nous sommes encore tout pleins de nos misères et de nos bonnes intentions.

Je loue fort la lettre que vous avez écrite au roi ; je la trouve d'un style noble, libre et galant qui me plaît fort. Je ne crois pas qu'autre que vous ait jamais conseillé à son maître de laisser dans l'exil son petit serviteur, afin de donner créance au bien qu'on a à dire de lui, et d'ôter tout soupçon de flatterie à son histoire.

Ce que ma chère nièce m'a écrit me paraît si droit et si bon, que je n'en veux rien rabattre: il est impossible qu'elle ne m'aime pas, à le dire comme elle le dit.

A MADAME DE COLIGNY.

Je vous en remercie, ma chère nièce, et je voudrais, pour toute réponse, que vous eussiez entendu ce que je disais de vous l'autre jour; je vous peignis au naturel, et bien. Il y a très-peu de personnes qui puissent se vanter d'avoir autant de vrai mérite que vous.

Notre pauvre ami est abîmé dans son procès. Il le veut traiter dans les règles de la raison et du bon sens; et quand il voit qu'à tous moments la chicane s'en éloigne, il est au désespoir. Il voudrait que sa réthorique persuadât toujours comme elle le devrait en bonne justice ; mais elle est souvent inutile. Ce n'est point façon d'amour que le zèle qu'il a pour sa cousine, c'est pure générosité : mais c'est façon de mort que la fatigue qu'il se donne pour cette malheureure affaire. J'en suis affligée; car je le perds, et je crains de le perdre encore davantage.

Ma fille ne s'en ira qu'au mois de septembre. Elle se porte mieux ; elle vous fait mille amitiés ; à vous, Madame, et à vous, Monsieur. Si vous la connaissiez davantage, vous l'aimeriez encore mieux.

LETTRE CXXX.

AU MÊME.

A Paris, ce 20 juillet 1679.

J'ai vu et entretenu M. l'évêque d'Autun, et je comprends bien aisément l'attachement de ses amis pour lui. Il m'a conté qu'il passa une fois à Langeron, et qu'il ne voulait pas s'y débotter seulement. Il y fut six semaines. Cet endroit est tout propre à persuader l'agrément, la douceur et la facilité de son esprit. Je crois que j'en serais encore plus persuadée, si je le connaissais davantage. Nous avons fort parlé de vous sur ce ton-là. Je parlai au prélat de la lettre que vous avez écrite au roi; il me dit qu'il l'avait vue, et qu'il l'avait trouvée belle. Je vous trouve fort heureux de l'avoir. Ce bonheur est réciproque, et vous êtes l'un à l'autre une très bonne compagnie. Il vous dira les nouvelles et les préparatifs du mariage du roi d'Espagne et du choix du prince et de la princesse d'Harcourt pour la conduite de la reine d'Espagne (1) à son époux, et

(1) Mademoiselle, fille de Monsieur, frère de

de la belle charge que le roi a donnée à M. de Marsillac, sans préjudice de la première. Il vous apprendra comme M. de la Feuillade, courtisan passant tous les courtisans passés, a fait venir un bloc de marbre qui tenait toute la rue Saint-Honoré : et comme les soldats qui le conduisaient ne voulaient point faire place au carrosse de M. le Prince, qui était dedans; il y eut un combat entre les soldats et les valets de pied : le peuple s'en mêla, le marbre se rangea, et le prince passa. Ce prélat vous pourra conter encore, que ce marbre est chez M. de la Feuillade, qui fait ressusciter Phidias ou Praxitèle pour tailler la figure du roi à cheval dans ce marbre, et comme cette statue lui coûtera plus de trente mille écus.

Il me semble que cette lettre ressemble assez aux chapitres de l'Amadis : Je suis tellement libertine quand j'écris, que le premier tour que je prends règne tout du long de ma lettre. Il se-

---

Louis XIV, fut mariée à Charles II, roi d'Espagne. C'était une des conditions de la paix, à laquelle la jeune princesse n'avait rien moins qu'accédé. Elle eût voulu épouser le dauphin. Le roi lui dit : *Je vous fais reine d'Espagne; que pourrais-je de plus pour ma fille ? Ah!* (répondit-elle), *vous pourriez plus pour votre nièce.* Elle mourut dix ans après.

rait à souhaiter que ma pauvre plume galopant comme elle fait, galopât au moins sur le bon pied. Vous en seriez moins ennuyés, Monsieur et Madame ; car c'est toujours à vous deux que je parle, et vous deux que j'embrasse de tout mon cœur. Ma fille me prie de vous dire bien des amitiés à l'un et à l'autre. Elle se porte mieux ; mais comme un bien n'est jamais pur en ce monde, elle pense à s'en aller en Provence, et je ne pourrai acheter le plaisir de la voir que par sa mauvaise santé. Il faut choisir et se résoudre à l'absence ; elle est amère et dure à supporter. Vous êtes bien heureux de ne point sentir la douleur des séparations ; celle de mon fils qui s'en va camper à la plaine d'Ouilles, n'est pas si triste que celles des autres années ; mais il ne s'en faut guère qu'elle ne coûte autant ; l'or et l'argent, les beaux chevaux, et les justaucorps étant la vraie représentation des troupes du roi de Perse. Faites-vous envoyer promptement les *Fables de la Fontaine* ; elles sont divines. On croit d'abord en distinguer quelques-unes ; et à force de les relire, on les trouve toutes bonnes. C'est une manière de narrer, et un style à quoi l'on ne s'accoutume point. Mandez-m'en votre avis, et le nom de celles qui vous auront sauté aux yeux les premières.

Notre ami Corbinelli est dans l'espérance de l'accommodement de l'affaire de sa cousine. Si vous êtes à Chaseu, faites mes compliments à Monsieur et à madame de Toulongeon. J'aime cette petite femme : ne la trouvez-vous pas toujours jolie ?

LETTRE CXXXI.

MADAME DE SÉVIGNÉ A MADAME DE GRIGNAN.

A Livry, vendredi 22 septembre 1679.

Je pense toujours à vous; et comme j'ai peu de distractions, je me trouve bien des pensées. Je suis seule ici; Corbinelli est à Paris : mes matinées seront solitaires. Il me semble toujours, ma fille, que je ne saurais continuer de vivre sans vous : je me trouve si peu avancée dans cette carrière, et c'est pour moi un si grand mal de ne vous avoir plus, que j'en tire cette conséquence, qu'il n'y a rien tel que le bien présent, et qu'il est fort dangereux de s'accoutumer à une bonne et uniquement bonne compagnie : la séparation en est étrange, je le sens, ma très chère, plus que vous n'avez le loisir de le sentir. Je suis déja trop vivement touchée du désir extrême de vous revoir, et de la tristesse d'une année d'absence; cette vue en gros ne me paraît pas supportable. Je suis tous les matins dans ce jardin que vous connaissez; je vous cherche partout; et tous les endroits où je vous ai vue me font mal; vous voyez bien que les moindres choses de ce qui a rapport à vous, ont fait une impression dans mon pauvre cerveau. Je ne vous parlerais pas de ces sortes de faiblesses, dont je suis bien assurée que vous vous moquez, sans que la lettre d'aujourd'hui est un peu sur la pointe des vents : je ne réponds à rien, et je ne sais point de nouvelles. Vous êtes à Lyon aujourd'hui; vous serez à Grignan quand vous recevrez ceci. J'attends le récit de la suite de votre voyage depuis Auxerre. J'y trouve des réveils à minuit, qui me font autant de mal qu'à Mademoiselle de Grignan; et à quoi bon cette violence, puisqu'on ne partait qu'à trois heures? C'était de quoi dormir la grasse matinée. Je trouve qu'on dort mal par cette voiture; et quoique je fusse prête à vous entretenir encore de tout cela, il me semble que, recevant cette lettre à Grignan, vous ne comprendriez plus ce que je voudrais vous dire en parlant de ce bateau; c'est pourquoi je passe à d'autres sujets.

Mademoiselle de Méri me mande qu'elle est

toujours comme je l'ai laissée, qu'elle me prie de vous le mander, afin que si sa tête ne lui permettait pas de vous écrire, vous n'en fussiez point en peine. Madame de Coulanges vint hier au soir bien tard avec sa sœur; elle a enfin quitté Paris : les étouffements ne sont pas diminués. Elle me dit que M. de la Rocheguyon (1) était très mal de sa petite-vérole. Duchesne a demandé une assemblée de tous les médecins du monde : la fièvre est redoublée, et la petite-vérole séchée et devenue verte; cela ne vaut rien, et pourrait bien nous donner un beau sujet de réflexion. Voilà un laquais de Madame de Coulanges, qui vient de Paris, et qui m'assure que M. de la Rocheguyon se porte mieux : ma pauvre enfant, *je vous en demande pardon*. Mon fils ne me parle que de vous dans ses lettres, et de la part qu'il prend à la douleur que j'ai de vous avoir quittée : il a raison, je ne m'accoutumerai de long-temps à cette séparation. Vos lettres aimables font toute ma consolation : je les relis souvent, et voici comme je fais. Je ne me souviens plus de tout ce qui m'avait paru des

(1) Petit-fils de M. de la Rochefoucauld.

marques d'éloignement et d'indifférence ; il me semble que cela ne vient point de vous, et je prends toutes vos tendresses et dites et écrites pour le véritable fond de votre cœur pour moi. Êtes-vous contente, ma belle? est-ce le moyen de vous aimer? et pouvez-vous jamais douter de mes sentiments, puisque, de bonne foi, j'ai cette conduite ?

Votre frère me parait avoir tout ce qu'il veut, *bon dîner, bon gîte, et le reste*. Il a été plusieurs fois député de la noblesse vers M. de Chaulnes ; c'est une petite honnêteté qui se fait aux nouveaux venus. Nous aspirons une autre année à voir des effets de cette belle amitié de M. et de Madame de Chaulnes. Le roi nous a remis huit cent mille francs; nous en sommes quittes pour deux millions deux cent mille livres; ce n'est rien du tout. Adieu, ma très chère et très belle. Si l'extrémité de l'empereur (1) et de Don Jean (*d'Autriche*) (2) pouvait vous satisfaire, on assure qu'ils n'en reviendront pas. Une reine qui

(1) Léopold-Ignace, empereur, ne mourut que le 5 mai 1705.

(2) Don Jean d'Autriche, fils naturel de Philippe IV, roi d'Espagne, mourut le 17 septembre 1679.

porterait *une tête* en Espagne, trouverait une belle conjoncture pour se faire valoir. On dit qu'elle pleura excessivement en disant adieu au roi, et que sur le mot d'un adieu pour jamais, ils retournèrent deux ou trois fois aux embrassades et au redoublement des sanglots; c'est une horrible chose que les séparations.

LETTRE CXXXII.

A LA MÊME.

A Livry, vendredi 6 octobre 1679.

Vous avez trouvé le vent contraire; je n'en suis guère surprise : vous y êtes assez sujette, soit sur le Rhône, ou sur la terre. Je pense, ma chère enfant, que c'est un grand chagrin en quelque lieu que ce soit, et je comprends fort aisément l'embarras où vous avez été. Il y a même du péril, et vous fîtes très sagement d'honorer de votre présence le lieu où M. de Vardes s'est baigné, plutôt que de vous opiniâtrer à gagner Valence : il faut céder à la furie des vents.

Il est venu ici un père Morel de l'Oratoire; c'est un homme admirable : il a amené Saint-Aubin, qui nous est demeuré. Je voudrais que M. de Grignan eût entendu ce père; il ne croit pas qu'on puisse, sans péché, donner à ses plaisirs, quand on a des créanciers : ces dépenses lui paraissent des vols qui nous ôtent le moyen de faire justice. Vraiment, c'est un homme bien salé, il ne fait aucune composition. Mais parlons de Pauline (*de Grignan*); l'aimable, la jolie petite créature! ai-je été jamais si jolie qu'elle? on dit que je l'étais beaucoup. Je suis ravie qu'elle vous fasse souvenir de moi: je sais bien qu'il n'est pas besoin de cela; mais enfin, j'en ai une joie si sensible! vous me la dépeignez charmante, et je crois précisément tout ce que vous m'en dites: gardez-la, ma fille, ne vous privez pas de ce plaisir: la Providence en aura soin. Je vous conseille de ne vous point défendre de l'aimer, quand vous devriez la marier en Béarn. Mesdemoiselles de Grignan ont eû grande raison de trouver le château de leurs pères très beau: mais, mon Dieu, quelles fatigues avant que d'y parvenir! Il faudrait me dire au moins comme cette poitrine en est échauffée, et comme votre sang en est irrité. Quelle circonstance à notre séparation, que la crainte trop bien fondée que j'ai pour votre santé! Je crois entendre cette bise qui vous ôte la respiration. Hélas! pouvais-je me plaindre en comparaison de ce que je souffre, quand je n'avais que votre absence à supporter? Je crois que rien ne pouvait être plus mauvais; mais je trouve si dure la peine où je suis, que je regarderais comme une tranquillité l'état où je me trouvais alors. Si je pouvais du moins me consoler, dans l'espérance que vous aurez pitié de vous et de moi, et que vous donnerez du temps à vous reposer, à vous rafraîchir, à prendre ce qui peut apaiser votre sang! mais je vous vois peu attentive à votre personne, dormant peu, mangeant peu, et cette écritoire toujours ouverte. Ma fille, si vous m'aimez, donnez-moi quelque repos, en prenant soin de vous. Ma chère Pauline, ayez soin de votre belle maman. Pour moi, je me porte très bien.

Il a fait le plus beau temps du monde. Le bon abbé est parfaitement guéri; son rhume est allé avec sa fièvre : l'Anglais est un homme divin. Nous ne pensons point à faire un plus long voyage que Livry. Il reste une certaine timidité après les grandes maladies, qui ne permet pas qu'on s'éloigne du secours.

Vous me faites rire des manières des deux sœurs (1) : l'aînée ne néglige pas de citer dans ses lettres à Lyon, tous les noms dont elle s'ho-

---

(1) Mesdemoiselles du Gué Bagnols, sœurs de madame de Coulanges.

nore ici : l'autre est admirable, de dire qu'on la presse d'aller à Chantilly ! la vanité est plaisante ! imaginez-vous que la pensée de ce voyage a duré un moment dans la tête de M. de la Rochefoucauld; il me le dit en l'air, je le redis tout de suite à ses femmes : son petit-fils a pensé mourir depuis; il n'a plus reparlé de Chantilly : et voilà ce qu'on appelle une partie dont on la tourmente ! ah ! il est vrai, nous eussions eu bien de la peine à la débaucher. Il y a des styles à quoi je ne puis m'accoutumer : j'aime bien mieux être toute seule dans cette avenue.

J'écrirai à Pélisson pour le frère de Montgobert, j'y ferai comme pour ma cure. Vous n'avez qu'à me donner toutes sortes de commissions : c'est le plus aimable amusement que je puisse avoir en votre absence. En voici un que j'ai trouvé; c'est un tome de Montaigne, que je ne croyais pas avoir apporté : ah, l'aimable homme ! qu'il est de bonne compagnie ! c'est mon ancien ami; mais à force d'être ancien, il m'est nouveau. Je ne puis lire qu'avec les larmes aux yeux, ce que dit le maréchal de Montluc du regret qu'il a de ne s'être pas communiqué à son fils, et de lui avoir laissé ignorer la tendresse qu'il avait pour lui. Lisez cet endroit-là, je vous prie; c'est à madame d'Estissac, *de l'amour des pères envers leurs enfants* (1). Mon Dieu, que ce livre est plein de bon sens !

Mon fils triomphe aux États; il vous fait toujours mille amitiés; c'est plus d'attention pour votre santé, plus de crainte que vous ne soyez pas assez forte : enfin *ce pigeon* est tout à fait tendre. Je lui dis aussi vos amitiés : je suis *conciliante*, comme dit Langlade. J'ai une envie extrême de savoir si vous vous serez bien reposée, et si Guisoni ne vous aura point donné quelques conseils que vous ayez suivis. On dit que la glace est bien contraire à votre poitrine; vous n'êtes plus en état de prendre sur vous, tout y est pris : ce qui reste tient à votre vie. Le bon abbé me disait tantôt que je devrais vous demander Pauline; qu'elle me donnerait de la joie, de l'amusement, et que j'étais plus capable que je n'ai jamais été, de la bien élever : j'ai été ravie de ce discours; mettons-le cuire, nous y songerons quelque jour. Il me vient une pen-

(1) On sait que J. J. Rousseau a pris dans ce chapitre beaucoup de pensées et d'expressions qui font l'ornement de son *Émile*.

sée, que vous ne voudriez pas me la donner, et que vous n'avez pas assez bonne opinion de moi. Ma fille, cachez-moi cette idée, si vous l'avez; car je sens que c'est une injustice, et que vous ne me connaissez pas : je serais délicieusement occupée à conserver toutes les merveilles de cette petite.

Mesdemoiselles de Grignan, ne l'aimez-vous pas bien? Vous devriez m'écrire, et me conter mille choses, mais naturellement, et sans vous en faire une affaire, et me dire surtout comment se porte votre chère marâtre : cela vous accoutumerait à écrire facilement comme nous. Je voudrais bien que le petit continuât à jouer au mail : qu'on le fasse plutôt jouer à gauche alternativement, que de le désaccoutumer de jouer à droite. Saint-Aubin a trouvé un mail ici, il y joue très bien. Je lui dis des choses admirables de sa petite Camuson, et je lui demande les chemins qui l'ont conduit de la haine et du mépris que nous avons vus, à l'estime et à la tendresse que nous voyons : il est un peu embarrassé; *il mange des pois chauds*, comme dit M. de la Rochefoucauld, quand quelqu'un ne sait que répondre.

M. de Grignan, je vous observe ; je vous vois venir ; je vous assure que si vous ne me dites rien vous-même de la santé de Madame votre femme, après les horribles fatigues de son voyage, je serai bien mal contente de vous. Cela répondrait-il, en effet, à ce que vous me disiez en partant : Fiez-vous à moi, je vous réponds de tout? Je crains bien que vous n'observiez cette santé que superficiellement. Si je reçois un mot de vous, comme je l'espère, je vous ferai une grande réparation.

LETTRE CXXXIII.

A LA MÊME.

A Livry, jeudi au soir 2 novembre 1679.

Je vous écris ce soir, ma très chère, parce que j'ai envie d'aller demain matin à Pompone. Madame de Vins m'en priait l'autre jour si bonnement, que je m'en vais la voir, et M. de Pompone, que l'on gouverne mieux en dînant un jour à Pompone avec lui, qu'à Paris en un mois. Vous voulez donc que je me repose sur vous de votre santé, et je le veux de tout mon cœur, s'il est vrai que vous soyez changée sur ce sujet : ce serait en effet quelque chose de si naturel que cela fût ainsi, et votre négligence à cet égard me paraissait si peu ordinaire, que je me sens portée à croire que cette droiture d'esprit et de raison aura retrouvé sa place chez vous. Faites donc, ma chère enfant, tout ce que vous dites, prenez du lait et des bouillons, mettez votre santé devant toutes choses ; soyez persuadée que c'est non-seulement par les soins et par le régime que l'on rétablit une poitrine comme la vôtre, mais encore par la continuité des régimes; car de prendre du lait quinze jours, et puis dire, j'ai pris du lait, il ne me fait rien; ma fille, c'est se moquer de nous, et de vous-même la première. Soyez encore persuadée d'une autre chose, c'est que, sans la santé, on ne peut rien faire, tout demeure, on ne peut aller ni venir qu'avec des peines incroyables : en un mot, ce n'est pas vivre que de n'avoir pas de santé. L'état où vous êtes, quoi que vous disiez, n'est pas un état de consistance; il faut être mieux, si vous voulez être bien. Je suis fort fâchée du vilain temps que vous avez, et de tous vos débordements horribles : je crains votre Durance, comme une bête furieuse.

On ne parle point encore de cordons-bleus : s'il y en a, et que M. de Grignan soit obligé de revenir, je le recevrai fort bien, mais fort tristement; car enfin, au lieu de placer votre voyage comme vous avez fait, c'eût été une chose bien plus raisonnable et plus naturelle que vous eussiez attendu M. de Grignan ici : mais on ne devine pas; et comme vous observiez et consultiez les volontés de M. de Grignan, ainsi qu'on faisait autrefois les entrailles des victimes, vous y aviez vu si clairement qu'il souhaitait que vous allassiez avec lui, que ne mettant jamais votre santé en aucune sorte de considération, il était impossible que vous ne partissiez, comme vous avez fait. Il faut regarder Dieu, et lui demander la grace de votre retour, et que ce ne soit plus comme un postillon, mais comme une femme qui n'a plus d'affaires en Provence, qui craint la bise de Grignan, et qui a dessein de s'établir et de rétablir sa santé en ce pays.

Je crois que je ferai un traité sur l'amitié; je trouve qu'il y a mille choses qui en dépendent, mille conduites à éviter pour empêcher que ceux que nous aimons n'en sentent le contre-coup; je trouve qu'il y a une infinité de rencontres où nous les faisons souffrir, et où nous pourrions adoucir leurs peines si nous avions autant de vues et de pensées qu'on doit en avoir pour ce qui tient au cœur. Enfin, je ferais voir dans ce livre qu'il y a cent manières de témoigner son amitié sans la dire, ou de dire par ses actions qu'on n'a point d'amitié, lorsque la bouche traîtreusement assure le contraire. Je ne parle our personne, mais ce qui est écrit est écrit.

Mon fils me mande des folies, et il me dit qu'il y a un *lui* qui m'adore, un autre *lui* qui m'étrangle, et qu'ils se battaient tous deux l'autre jour à outrance, dans le mail des Rochers. Je lui réponds que je voudrais que l'un eût tué l'autre, afin que je n'eusse point trois enfants; que c'était ce dernier qui faisait tout le mal de la maternité, et que s'il pouvait l'étrangler lui-même, je serais trop contente des deux autres. J'admire la lettre de Pauline; est-ce de son écriture? Non; mais pour son style, il est aisé à reconnaître; la jolie enfant! Je voudrais bien que vous pussiez me l'envoyer dans une de vos lettres; je ne serai consolée de ne pas la voir que par les nouveaux attachements qu'elle me donnerait : je m'en vais lui faire réponse. Je quitte ce lieu à regret : la campagne est encore belle : cette avenue et tout ce qui était désolé des chenilles, et qui a pris la liberté de repousser avec votre permission, est plus vert qu'au printemps dans les plus belles années. Les petites et les grandes palissades sont parées de ces belles nuances de l'automne dont les peintres font si bien leur profit. Les grands ormes sont un peu dépouillés, et l'on n'a point de regret à ces feuilles picotées : la campagne en gros est encore toute riante; j'y passais mes journées seule avec des livres; je ne m'ennuyais que comme je m'ennuierai partout, ne vous ayant plus. Je ne sais ce que je vais faire à Paris; rien ne m'y attire, je n'y ai point de contenance; j'y vais avec chagrin; le bon abbé dit qu'il y a quelques affaires, et que tout est fini ici : allons donc. Il est vrai que cette année a passé assez vite; mais je suis fort de votre avis pour le mois de septembre; il m'a semblé qu'il a duré six mois, tous des plus longs. Je vous manderai, en arrivant à Paris, des nouvelles de mademoiselle de Méri. Je n'eusse jamais pensé que cette madame de Charmes eût pu devenir sèche comme du bois : hélas! quels changements ne fait point la mauvaise santé! Je vous prie de faire de la vôtre le premier de vos devoirs : après celui-là, et M. de Grignan auquel vous avez fait céder les autres avec raison, si vous voulez bien me donner ma place, je vous en ferai souvenir. Je me trouve fort heureuse si je ne ressemble non plus à un devoir que M. de Grignan, et si vous pensez que c'est mon tour présentement à être un peu consultée.

LETTRE CXXXIV.

A LA MÊME.

A Paris, mercredi 22 novembre 1679.

Vous allez être bien surprise et bien fâchée, ma chère enfant. M. de Pompone est disgracié; il eut ordre samedi au soir, comme il revenait de Pompone, de se défaire de sa charge. Le roi avait réglé qu'il aurait sept cent mille francs, et que la pension de vingt mille francs qu'il avait comme ministre, lui serait continuée : sa Majesté voulait lui marquer par cet arrangement qu'elle était contente de sa fidélité. Ce fut M. Colbert qui lui fit ce compliment, en l'assurant qu'il *était au désespoir d'être obligé*, etc. M. de Pompone demanda s'il ne pourrait point avoir l'honneur de parler au roi, et apprendre de sa bouche quelle était la faute qui avait attiré ce coup de tonnerre : on lui dit qu'il ne le pouvait pas; en sorte qu'il écrivit au roi pour lui marquer son extrême douleur, et l'ignorance où il était de ce qui pouvait avoir contribué à sa disgrace : il lui parla de sa nombreuse famille, et le supplia d'avoir égard à huit enfants qu'il avait. Il fit remettre aussitôt ses chevaux au carrosse, et revint à Paris, où il arriva à minuit. Nous avions été, comme je vous l'ai mandé, le vendredi à Pompone, M. de Chaulnes, Caumartin et moi : nous le trouvâmes et les dames qui nous reçurent fort gaîment. On causa tout le soir, on joua aux échecs : ah ! quel échec et mat on lui préparait à Saint-Germain ! Il y alla dès le lendemain matin, parce qu'un courrier l'attendait ; de sorte que M. Colbert, qui croyait le trouver le samedi au soir à l'ordinaire, sachant qu'il était allé droit à Saint-Germain, retourna sur ses pas, et pensa crever ses chevaux. Pour nous, nous ne partîmes de Pompone qu'après-dîné ; nous y laissâmes les dames. Il fallut donc leur mander cette triste nouvelle : ce fut un valet de chambre de M. de Pompone, qui arriva le dimanche, à neuf heures, dans la chambre de madame de Vins : c'était une marche si extraordinaire que celle de cet homme, et il était si excessivement changé, que madame de Vins crut absolument qu'il venait lui dire la mort de M. de Pompone ; de sorte que quand elle sut qu'il n'était que disgracié, elle respira ; mais elle sentit son mal quand elle fut remise ; elle alla le dire à sa sœur. Elles partirent à l'instant, laissant tous ces petits garçons en larmes ; et accablées de douleur, elles arrivèrent à Paris à deux heures après midi. Vous pouvez vous représenter leur entrevue avec M. de Pompone, et ce qu'ils sentirent, en se revoyant si différents de ce qu'ils pensaient être la veille. Pour moi, j'appris cette nouvelle par l'abbé de Grignan ; je vous avoue qu'elle me toucha droit au cœur. J'allai à leur porte dès le soir ; on ne les voyait point en public, j'entrai, je les trouvai tous trois. M. de Pompone m'embrassa, sans pouvoir prononcer une parole : les dames ne purent retenir leurs larmes, ni moi les miennes : ma fille, vous n'auriez pas retenu les vôtres ; c'était un spectacle douloureux : la circonstance de ce que nous venions de nous quitter à Pompone d'une manière si différente, augmenta notre tendresse. La pauvre madame de Vins, que j'avais laissée si fleurie, n'était pas reconnaissable, je dis pas reconnaissable, une fièvre de quinze jours ne l'aurait pas tant changée : elle me parla de vous, et me dit qu'elle était persuadée que vous sentiriez sa douleur, et l'état de M. de Pompone ; je l'en assurai. Nous parlâmes du contre-coup qu'elle ressentait de cette disgrace, et pour ses affaires, et pour l'agrément de sa vie et de son séjour, et pour la fortune de son mari; je vous réponds qu'elle voit tout cela bien douloureusement. M. de Pompone n'était point en faveur; mais il était en état d'obtenir de certaines choses ordinaires, qui font pourtant l'établissement des gens : il y a bien des degrés au-dessous de la faveur des autres, qui font la fortune des particuliers. C'était aussi une chose bien douce de se trouver naturellement établi à la cour : ô Dieu! quel changement! quel retranchement! quelle économie dans cette maison! Huit enfants, n'avoir pas eu le temps d'obtenir la moindre grace! Ils doivent trente mille livres de rente; voyez ce qui leur restera : il vont se réduire tristement à Paris, à Pompone. On dit que tant de voyages, et quelquefois des courriers qui attendaient, même celui de Bavière qui était arrivé le vendredi, et que le roi attendait impatiemment, ont un peu attiré ce malheur. Mais vous comprendrez aisément ces conduites de la Providence, quand vous saurez que c'est M. le président Colbert qui a la charge; comme il est en Bavière, son frère la fait en attendant, et lui a écrit en se réjouissant, et pour le surprendre, comme si on s'était trompé au-dessus de la lettre : *A monsieur, monsieur Colbert, ministre et secrétaire d'état.* J'en ai fait mes compliments dans la maison affligée; rien ne pouvait être mieux. Faites un peu de réflexion à toute la puissance de cette famille, et joignez les pays étrangers à tout le reste, et vous verrez que tout ce qui est de l'autre côté *où l'on se marie* (1), ne vaut point cela. Ma pauvre enfant, voilà bien des détails et des circonstances; mais il me semble qu'ils ne sont point désagréables dans ces sortes d'occasions : il me semble que vous voulez toujours qu'on vous parle; je n'ai que trop parlé. Quand votre courrier viendra, je n'ai plus à le présenter; c'est encore un de mes chagrins de vous être désormais entièrement inutile : il est vrai que je l'étais déjà par madame de Vins; mais on se ralliait ensemble. Enfin, ma fille, voilà qui est fait, voilà le monde. M. de Pompone est plus capable que personne de soutenir ce malheur avec courage, avec résignation et beaucoup de christianisme. Quand d'ailleurs on a usé, comme lui, de la fortune, on ne manque point d'être plaint dans l'adversité.

Encore faut-il, ma très chère, que je vous

---

(1) Madeleine-Charlotte le Tellier, fille de M. de Louvois, épousa le lendemain 23 novembre, François, duc de la Rochefoucauld et de la Rocheguyon, petit-fils de M. de la Rochefoucauld.

dise un petit mot de votre petite lettre ; elle m'a donné une sensible consolation : vous m'apprenez que la santé du petit est bien rétablie, et vous me dites que je serais bien contente de la vôtre, si je vous voyais : ah ! ma fille, n'en doutez point : quel spectacle charmant de vous voir appliquée à votre santé, à vous reposer, à vous restaurer ! c'est un plaisir que vous ne m'avez jamais donné. Vous voyez que ce n'est pas inutilement que vous prenez ce soin, le succès en est visible ; et quand je me tourmente ici de vous inspirer la même attention, vous sentez bien que j'ai raison.

LETTRE CXXXV.

A LA MÊME.

A Paris, mercredi 13 décembre 1679.

Parlons-en tant que vous voudrez, ma très chère, vous aurez vu par toutes mes lettres, que je traite ce chapitre très naturellement, et qu'il me serait difficile de m'en taire, puisque j'y pense très souvent, et que, si j'ai un degré de chaleur moins que vous pour la belle-sœur, j'en ai aussi bien plus que vous pour le beau-frère. Les anciennes dates, les commerces, les liaisons, me font trouver dans cette occasion plus d'attachement que je ne pensais en avoir. Ils sont encore à la campagne : je vous envoie deux de leurs billets qu'ils m'écrivirent en me renvoyant vos paquets. Voilà l'état où ils sont ; se peut-il rien ajouter à la tendresse et à la droiture de leurs sentiments ? Mon estime et mon amitié pour eux sont augmentées par leur malheur : je suis assez persuadée que le nôtre a contribué à leur disgrace. Jetez les yeux sur tous nos amis, et vous trouverez vos réflexions fort justes. Il y aurait bien des choses à dire sur toute cette affaire. Je crois vous avoir fait entendre que depuis long-temps on faisait valoir les minuties : cela avait formé une disposition qui était toujours fomentée dans la pensée d'en profiter, et la dernière faute impatienta et combla cette mesure : d'autres se servirent sur-le-champ de l'occasion, et tout fut résolu en un moment. Voici les faits : un courrier attendu avec impatience, était arrivé le jeudi au soir ; M. de Pompone donne tout à déchiffrer, et c'était une affaire de vingt-quatre heures. Il dit au courrier de ne point paraître ; mais comme le courrier était à celui qui l'envoyait, il donna les lettres à la famille : cette famille, c'est-à-dire le frère, dit à sa Majesté ce qu'on mandait de Bavière, l'impatience prit de savoir ce qu'on déchiffrait ; on attendit donc le jeudi au soir, le vendredi tout le jour, et le samedi jusqu'à cinq heures du soir. Vraiment quand M. de Pompone arriva, tout était fait, et le matin encore l'affaire n'était pas désespérée ; il était chez lui à la campagne, persuadé qu'on ne saurait rien ; il y reçut des déchiffrements le soir du vendredi, il partit le samedi matin à dix heures ; mais il était trop tard. Et voilà la raison, le prétexte, et tout ce qu'il vous plaira ; car il est certain que soit cela, soit autre chose, on aurait enfin renversé cette fortune qui ne tenait plus à rien. Mais le plaisant de cette affaire, c'est que celui qui avait ce dessein (*Louvois*) n'en a pas profité, et a été plus affligé qu'on ne peut croire. Notre ami demanda s'il ne pourrait point voir sa Majesté, et se justifier à son maître de sa conduite : on lui dit qu'il n'était pas à propos présentement ; que sa fidélité était assez connue, qu'elle n'était nullement attaquée, et que dans quelque temps il pourrait avoir cette satisfaction. Il écrivit sa surprise, son désespoir, d'avoir pu déplaire ; représenta huit enfants sans nul bien : voilà où tout en est demeuré : on causerait long-temps là-dessus ; mais de si loin, c'est assez, et peut-être trop.

Vous avez donc fait quelque attention au pays de ces deux conseillers bourguignons, *c'est le pays de ma mère :* il me semble que celui qui connaît M. de Berbisi, l'emporte un peu. Mais M. de Condom, qui vous aime et que j'honore, me revient aussitôt dans l'esprit, et je ne sais bonnement que vous dire, *fais ce que tu voudras*. C'est ce que j'ai dit à mon fils sur tous les congés qu'il m'a demandés pour faire des visites en Basse-Bretagne ; j'ai toléré ce que je ne pouvais empêcher. Il y a un mois qu'il est chez Tonquedec, je ne sais où lui écrire ; il ne veut point de mes lettres ; en feriez-vous autant ? Il fait enrager M. d'Harouïs, qui l'attend à Nantes pour s'en revenir avec lui à Paris : je les admire tous deux, l'un d'être si bon et si obligeant, et l'autre d'en abuser inhumainement. Je ne sais si l'objet aimé ou point aimé est avec lui ; tout cela se démêlera, je crois, avant la fin de l'année. Voilà une de ses lettres, il est à Nantes ; et après avoir bien fait attendre M. d'Harouïs, il le laisse partir sans pouvoir le suivre, à cause des affaires qu'il faut qu'il fasse au Buron : je me doutais bien de cette belle conduite. Il me parle fort de son cher pigeon, et vous aime beaucoup mieux, dit-il, que toutes ses maitresses ; je ne sais si vous devez être contente. Soyez-le du moins de madame de La Fayette, qui m'a tantôt parlé de vous d'une manière à l'embrasser. Nous saurons bientôt ceux qui sont nommés pour madame la Dauphine ; c'est à l'arrivée de ce dernier courrier qu'on les déclarera. Il y en a qui disent que madame de Maintenon sera placée d'une manière à surprendre ; ce ne sera pas à cause de *Quanto*, car c'est la plus belle haine de nos jours ; elle n'a vraiment besoin de personne que de son bon esprit.

Vous me faites pitié, en vérité, de nous demander des oranges; c'est une étrange dégradation que de les voir gelées en Provence; le soleil, au moins, ne l'est pas : vous me parlez d'une douceur du mois de mai qui me console. J'ai vu mademoiselle de Méri; elle a fait l'effort de venir voir ce joli appartement : il ne lui plaît pas; c'est un malheur. Elle est toujours très languissante; les agitations de son petit ménage sont sans fin; je n'eusse jamais cru qu'une telle bagatelle eût pu l'occuper si uniquement. M. et madame de Mêmes sortent d'ici; ils ont recommencé sur nouveaux frais à parler de vous et de Grignan avec entêtement; votre bonne maison et vos beaux titres, Pauline et ses charmes, votre musique, votre terrasse, votre politesse, tout cela finit par une prière instante et réitérée de vous assurer tous deux de leurs très humbles services, respects, amitiés, reconnaissance; enfin, je n'ai jamais vu des gens si vifs sur votre sujet : je me suis chargée de tout, et je m'en acquitte. On vient de nous dire que c'est M. de Richelieu qui sera chevalier d'honneur; madame sa femme, dame d'honneur de madame la Dauphine; madame de Créqui, celle de la reine; je crois assez tout cela : on les déclarera plus positivement dans quelques jours.

Je voudrais pouvoir vous décrire un écran que M. le cardinal d'Estrées a donné à madame de Savoie (1) en forme de *Sapate* (2), et dont madame de La Fayette a pris tout le soin et donné le dessin. Vous savez que madame de Savoie ne souhaite au monde que l'accomplissement du mariage de son fils avec l'Infante du Portugal ; c'est l'évangile du jour. Cet écran est d'une grandeur médiocre : d'un côté du tableau, c'est madame Royale peinte en miniature, fort ressemblante, et environ grande comme la main, accompagnée des vertus, avec ce qui les caractérise : cela fait un groupe fort beau et très bien entendu. Vis-à-vis de la princesse est le jeune prince, beau comme un ange, d'après nature aussi, entouré des jeux et des amours ; cette petite troupe est fort agréable. La princesse montre

(1) Marie-Jeanne-Baptiste de Savoie-Nemours, mère de Victor-Amédée-François, duc de Savoie, depuis roi de Sicile en 1713, et roi de Sardaigne en 1720.

(2) C'est le nom d'une espèce de fête inventée par les Espagnols, qui la célèbrent tous les ans le 5 de décembre. Elle a passé depuis en Savoie, où Catherine d'Espagne, femme de Charles-Emmanuel, duc de Savoie, introduisit l'usage du *Sapate*, que l'on y a conservé. Cet usage consiste à faire des présents, sans donner à connaître de quelle part ils viennent.

à son fils, avec la main droite, la mer et la ville de Lisbonne. La gloire et la renommée sont en l'air, et l'attendent avec des couronnes. Sous les pieds du prince, on lit ces mots de Virgile :

Matre deâ, monstrante viam.

Rien n'est mieux imaginé. L'autre côté de l'écran est d'une très belle et très riche broderie d'or et d'argent. Le pied est de vermeil doré, très riche et très bien travaillé. Les clous qui attachent le galon sont de diamants ; la cheville qui retient l'écran est de diamants aussi. Le haut du bâton est la couronne de Savoie, toute de diamants. Enfin, ce présent est tellement riche, agréable et dans le sujet, que tous les sapates en seront effacés. On fera trouver ce joli écran devant le feu, afin que madame Royale sortant de son cabinet, ait tout le plaisir de la surprise. Ah, ma fille! voilà des présents, comme j'aimerais à pouvoir en faire : je ne sais si je vous ai bien représenté celui-là.

LETTRE CXXXVI.

A LA MÊME.

A Paris, lundi 25 décembre 1679.

L'ÉLOIGNEMENT joint à tout ce qui accompagne le nôtre, est une chose affreuse. Je vous épargne souvent de lire mes peines sur votre sujet; mais il m'est quelquefois impossible de vous les dissimuler; il faut que je les bourdonne comme *la mouche*; je souhaite que ce ne soit pas aussi inutilement, et que l'amitié que vous avez pour moi fasse un effet qui vous réveille sur le soin que vous devez avoir de vous avant toutes choses; sans cela je ne vous conserverai point la personne du monde qui vous aime le plus : il faut que vous commenciez par me ménager celle qui m'est la plus chère : que n'avez-vous un peu de ma grande santé! je ne vous en dis rien, parce qu'elle va toute seule.

J'ai parlé de vos affaires aux Grignans; il est vrai que c'est là où je fais comme *la mouche;* ils sont fort opposés à l'affaire de Toulon : M. de la Garde et le chevalier ne trouvent pas que ce soit une chose à imaginer, à moins que de vouloir vous brouiller avec M. de Vendôme. Le chevalier est allé à Saint-Germain, c'est lui qui prendra soin de l'affaire de notre courrier : le bel abbé s'en était chargé ; en vérité, il a d'autres affaires ; on va donner les évêchés : il faut un peu mieux suivre cette bagatelle pour en venir à bout ; cela se tournait en placet à M. Colbert, et devenait à rien. Il est vrai que j'ai un peu bourdonné, et me suis si bien plantée sur le nez du chevalier, que je suis persuadée qu'il me la rapportera de Saint-Germain ; je ferai le reste : la chicane de son rhumatisme l'avait empêché de s'en mêler plus tôt. J'admire comme en toutes choses, grandes et petites, vous êtes malheureux. M. de Saint-Géran l'est encore plus que vous : c'est un homme perdu, il est tombé des nues, il ne parle plus, et tout le monde est ravi de cette mortification. Il a eu de grands coups auprès de sa Majesté : le premier a été par le comte de Grammont : prenez son ton (1). « Sire, *dit-il, il* « *y a quelque temps*, je vous demande la charge « de premier écuyer de madame la Dauphine :

(1) Il ne faut pas oublier qu'il était gascon et en avait gardé l'accent. C'est le héros des *Mémoires* si bien écrits par son beau-frère Hamilton.

« peut-être que votre Majesté ne me jugera pas
« digne de cet emploi : mais quand je vois le gros
« Saint-Géran qui y prétend, je crois, Sire, que
« je puis bien vous nommer le pauvre comte de
« Grammont. » Sur cela on pense, et on fait des
réflexions. Il y a eu des choses plus fortes encore : ce comte trouva l'autre jour Saint-Géran
à deux genoux dans la chapelle, qui ne faisait
pas semblant de regarder toute la cour qui y
était. « Mon ami, *lui dit-il, en lui frappant sur*
« *l'épaule*, il faut vous consoler avec Jésus-
« Christ. » Le roi même en pensa éclater. Il disait hier à M. le Dauphin devant le roi : « Mon-
« seigneur, je vous supplie de dire à madame la
« Dauphine qu'il n'a pas tenu à moi que je n'aie
« été de sa maison, j'en prends le roi à témoin. »
On dit que l'on partira à la fin de janvier pour
aller épouser cette princesse. N'êtes-vous pas bien
contente de tous les choix qu'on a faits? M. de
Richelieu et le maréchal de Bellefond rempliront
bien ces deux charges, et ne feront pas même
de places nouvelles aux cordons-bleus, quand il
y en aura; car ils l'auraient été sans cela. On a
donné à madame de Soubise les mêmes appointements et les mêmes entrées qu'à la dame d'honneur, sans en avoir le titre ; cela s'appelle de

l'argent; c'est, avec les deux mille écus de dame de la reine, qu'on lui conserve toujours, vingt-un mille livres de rente qu'elle aura tous les ans. Quand on a voulu faire des compliments à monsieur de Soubise : hélas ! *cela vient par ma femme, je n'en dois point recevoir les compliments.* Et madame de Rochefort : *voilà ce que c'est que de s'être bien attachée à la reine.* Le monde est toujours bon à son ordinaire. La duchesse de Sully revient de Picardie, elle s'en va passer l'hiver à Sully jusqu'au retour de madame de Verneuil. Madame de Lesdiguières est très digne de votre souvenir; elle me demande toujours de vos nouvelles avec amitié, et m'a priée même de vous dire bien des choses de sa part.

LETTRE CXXXVII.

A LA MÊME.

A Paris, mercredi 27 décembre 1679.

Toute la maison de Pompone est venue passer les fêtes ici. Madame de Vins y était la première; je l'avais vue deux fois. Je trouvai M. de Pompone, le M. de Pompone de Frêne, n'étant plus que le plus honnête homme du monde tout simplement : comme le ministère ne l'avait point changé, la disgrace ne le change point aussi. Il est de très bonne compagnie; il me parla fort tendrement de vous, et me parut fort touché de votre dernière lettre : ce chapitre ne s'épuisa pas sitôt : j'avais de mon côté à lui dire de quelle manière vous m'écriviez sur son sujet. Madame de Vins s'attendrit en parlant de la bonté de votre cœur, et tous nos yeux rougirent. Ils s'en retournent demain à Pompone, n'ayant point encore pris de consistance : ils n'ont pas donné leur démission : on ne leur a point donné d'argent. Il a demandé s'il lui serait permis de voir le roi, il n'a point eu de réponse. Je trouve qu'il ne peut être mieux qu'à Pompone, à inspirer la véritable vertu à ses enfants, et à causer avec les solitaires qui y sont. Nous avons fait toute la journée des visites, madame de Vins et moi; elle n'a plus madame de Villars, ni vous : elle me compte pour quelque chose, et je me trouve heureuse de pouvoir lui faire ces petits plaisirs. Nous avons été chez mesdames de Richelieu, de Chaulnes, de Créqui, de Rochefort; et puis chez M. de Pompone, qui me paraît tous les jours plus aimable; c'est la tête la mieux faite que j'aie vue. Madame de Vins s'en va faire un tour à Saint-Germain : quelle douleur de revoir ce pays qui était le sien, et où elle est étrangère! je crains ce voyage pour elle. Elle reviendra ensuite trouver les malheureux dont elle fait la joie et la consolation.

La cour est toute réjouie du mariage de M. le prince de Conti et de mademoiselle de Blois. Ils s'aiment comme dans les romans : le roi s'est fait un grand jeu de leur inclination : il parla tendrement à sa fille, et l'assura qu'il l'aimait si fort, qu'il n'avait point voulu l'éloigner de lui : la petite fut si attendrie et si aise, qu'elle pleura. Le roi lui dit qu'il voyait bien que c'est qu'elle avait de l'aversion pour le mari qu'il lui avait

choisi; elle redoubla ses pleurs, et son petit
cœur ne pouvait contenir tant de joie. Le roi
conta cette petite scène, et tout le monde y prit
plaisir. Pour M. le prince de Conti, il était trans-
porté, il ne savait, ni ce qu'il disait, ni ce qu'il
faisait; il passait par-dessus tous les gens qu'il
trouvait en son chemin, pour aller voir mademoiselle de Blois. Madame Colbert ne voulait
pas qu'il la vît que le soir; il força les portes,
et se jeta à ses pieds, et lui baisa la main; elle,
sans autre façon, l'embrassa, et la revoilà à pleurer. Cette bonne petite princesse est si tendre et
si jolie, que l'on voudrait la manger. Le comte
de Grammont fit ses compliments, comme les
autres, au prince de Conti : « Monsieur, je me
« réjouis de votre mariage ; croyez-moi, ménagez
« le beau-père, ne le chicanez point, ne prenez
« point garde à peu de chose avec lui ; vivez bien
« dans cette famille, et je vous réponds que vous
« vous trouverez fort bien de cette alliance. » Le
roi se réjouit de tout cela, et marie sa fille, en
faisant des compliments, comme un autre, à
M. le prince, à M. le duc et à madame la duchesse, à laquelle il demande son amitié pour
mademoiselle de Blois, disant qu'elle serait trop
heureuse d'être souvent auprès d'elle, et de

suivre un si bon exemple. Il s'amuse à donner des transes au prince de Conti, à qui on dit que les articles ne sont pas sans difficulté; qu'il faut remettre l'affaire à l'hiver qui vient : là-dessus, le prince amoureux tombe comme évanoui ; la princesse l'assure qu'elle n'en aura jamais d'autre. Cette fin s'écarte un peu dans le Don Quichotte ; mais, dans la vérité, il n'y eut jamais un si joli roman. Vous pouvez penser comme ce mariage, et la manière dont le roi le fait, donnent de plaisir en certain lieu (1) !

Le portrait de madame la dauphine est arrivé; elle y paraît très médiocrement belle : on loue son esprit, ses dents, sa taille ; c'est où de Troy (2) n'a pas trouvé à s'exercer. J'ai fait vos remercîments à M. de la Rochefoucauld ; il a une attention fort obligeante pour M. de Grignan et pour vous. Madame de La Fayette vous dit ses tendresses; MM. les cardinaux de Bouillon et d'Estrées, et les veuves ; je ne trouve autre chose que des gens qui me prient de vous parler d'eux.

(1) Madame de Montespan voyait sans doute avec chagrin la tendresse du roi pour une fille de madame de la Vallière.

(2) Peintre célèbre pour les portraits.

Madame d'Effiat n'a encore rien gâté, et n'est point gâtée. La maréchale de Clérembault est ici ; elle soutient stoïquement sa disgrace, et ne se fera point ouvrir les veines (1) : mais elle perdit mille louis contre le petit d'Harouïs tête à tête, la veille de son arrivée. Il ne faut que cela pour trouver la raison de ce qui lui arrive au Palais-Royal.

(1) Allusion à la mort de Sénèque.

LETTRE CXXXVIII.

A LA MÊME.

A Paris, vendredi 29 décembre 1679.

Figurez-vous, ma chère bonne, que je suis à genoux devant vous, et qu'avec beaucoup de larmes je vous demande, par toute l'amitié que vous avez pour moi, et par toute celle que j'ai pour vous, de ne plus m'écrire que comme vous avez fait la dernière fois : c'est tellement du fond de mon cœur que je vous demande cette grace qu'il est impossible que cette vérité ne se fasse sentir au vôtre. Quoi! je pourrais me reprocher votre accablement, votre épuisement! ah! ma chère enfant! cette pensée me fait assez de mal, sans que j'y ajoute de vous tuer de ma propre main. Voilà qui est fait; ôtez-moi, si vous m'aimez, du nombre de ce que vous croyez vos devoirs : il y a long-temps que je suis blessée du volume que vous m'écrivez, et que je me doute de ce qui vous est arrivé. Enfin, cela est trop visible, et j'aimerai toute ma vie Montgobert de vous avoir forcée à lui quitter la plume : voilà ce que j'appelle de l'amitié; je m'en vais l'en remercier : voilà ce qui s'appelle avoir des yeux, et vous regarder. Je me moque de tout le reste : ils ont des yeux et ne voient point; nous avons les mêmes yeux, elle et moi; aussi je n'écoute qu'elle : elle n'a osé me dire un mot cette fois; sa sincérité et la crainte de m'affliger lui ont imposé silence.

Mademoiselle de Méri se gouverne bien mieux : elle n'écrit point. Corbinelli se tue quand il veut, il n'a qu'à écrire; qu'il soit huit jours sans regarder son écritoire, il ressuscite. Laissez un peu la vôtre, toute jolie qu'elle est; ne vous disais-je pas bien que c'était un poignard que je vous donnais ? Je vis l'autre jour Duchesne, qui me parla de votre santé, et me dit encore pis que pendre de cette chienne d'écriture. Vous avez été à Lambesc, à Salon; ces voyages, avec votre poitrine, ont dû vous mettre en mauvais état, et vous ne vous en souciez point, et personne n'y pense. Vous seriez bien fâchée d'avoir rien dérangé; il faut que la compagnie *des Bohêmes* soit complète, comme si vous aviez leur santé. Votre lit, votre chambre, un grand repos, un grand régime, voilà ce qu'il vous fallait : au lieu de cela, du mouvement, des compliments, du déréglement et de la fatigue! Ma fille, il ne faut rien espérer de vous, tant que vous mettrez toutes sortes de choses devant votre santé. J'ai tellement rangé d'une autre façon cette unique affaire, qu'il me semble que tout est loin de moi en comparaison de cette intime attention que j'ai pour vous; mais je veux finir pour aujourd'hui ce chapitre. Je vous mandai avant-hier, par un guenillon de billet à la suite d'une grosse lettre, que madame de Soubise était exilée; cela devient faux. Il nous paraît qu'elle a parlé, qu'elle a un peu murmuré de n'avoir pas été dame d'honneur, comme la reine le voulait, peut-être méprisé la pension auprès de cette belle place; et sur cela la reine lui aura conseillé de venir passer son chagrin à Paris. Elle y est, et même on dit qu'elle a la rougeole : on ne la voit point; mais on est persuadé qu'elle retournera, comme si de rien n'était. On faisait une grande affaire de rien; l'esprit charitable de souhaiter *plaies et bosses* à tout le monde est extrêmement répandu. Il y a de certaines choses, au contraire, sur quoi on se trouve disposé à souffler du bonheur, comme du temps des fées. Le mariage de mademoiselle de Blois plaît aux yeux. Le roi lui dit de mander à sa mère (*Madame de la Vallière*) ce qu'il faisait pour elle. Tout le monde a été faire compliment à cette sainte carmélite; je crois que madame de Coulanges m'y mènera demain. M. le prince et M. le duc ont couru chez elle : on dit qu'elle a parfaitement bien accommodé son style à son voile noir, et assaisonné sa tendresse de mère avec celle d'épouse de Jésus-Christ. Le roi marie sa fille comme si elle était celle de la reine qu'il marierait au roi d'Espagne; il lui donne cinq cent mille écus d'or, comme on fait toujours avec ces couronnes, hormis que ceux-ci seront payés, et que les autres, fort souvent, ne font qu'honorer les contrats. Cette jolie noce se fera vers le 15 de janvier. Gautier ne peut plus se plaindre; il aura touché en noces cette année plus d'un million. On donne d'abord cent mille francs à la maréchale de Rochefort pour commencer les habits de la dauphine. L'électeur avait mandé les marchands de Paris pour habiller sa sœur; le roi l'a prié de ne se mettre en peine de rien; puisque avec la maison qu'on envoyait à la princesse, elle trouverait tout ce qu'elle pourrait souhaiter. Ce mariage se fera avec beaucoup de dignité; on ne partira qu'en février.

J'attendrai Gordes avec impatience, et laisserai bien assurément *écumer mon pot* (1) à qui voudra, pour lui demander *comment se porte ma fille, et que fait-elle ?* S'il me répond comme le chevalier de Buous (2), je le laisserai là, en soupirant ; car ce n'est pas sans douleur que je n'ose m'accommoder des merveilles qu'on dit de votre santé. M. l'intendant est bien heureux d'être si galant, sans craindre de rendre sa femme jalouse ! je voudrais qu'il mît les échecs à la place du hère : autant de fois qu'il serait *mat*, seraient autant de marques de sa passion. La mienne continue pour ce jeu ; je me fais un honneur de faire mentir M. de la Trousse, et je crains quelquefois de n'y pas réussir. Je suis fort bien reçue quand je fais vos compliments, votre souvenir honore. Madame de Coulanges veut vous écrire, et vous remercier elle-même ; mais ce sera l'année qui vient : elle est dans l'agitation des étrennes, qui est violente cette année. Il me semble que vous croyez que je mens, quand je vous parle de la connaissance de Fagon et de Duchesne ; ça

(1) C'est-à-dire, je laisserai à qui voudra le soin de faire les honneurs de chez moi à ma compagnie.

(2) Il disait qu'elle se portait à merveille, vantait son embonpoint, etc., pour faire plaisir à madame de Sévigné.

été, ma belle, pendant la blessure de M. de Louvois qu'ils furent quarante jours ensemble, et se sont liés d'une estime très particulière. Oui, n'en riez point ; c'est à votre montre qu'il faut regarder si vous avez faim : et quand elle vous dira qu'il y a huit ou neuf heures que vous n'avez mangé, avalez un bon potage, et vous consumerez ce que vous appelez une indigestion.

Ah! que j'ai une belle histoire à vous conter de l'archevêque! mais ce ne sera pas pour aujourd'hui. M. de Pomponne est retourné sur le bord de sa Marne : il y avait l'autre jour plus de gens considérables le soir chez lui qu'avant sa disgrace ; c'est le prix de n'avoir point changé pour ses amis : vous verrez aussi qu'ils ne changeront point pour lui. Madame de Vins m'en paraît toujours touchée jusqu'aux larmes, dont j'ai vu plusieurs fois rougir ses beaux yeux. Elle ne veut faire de visites qu'avec moi, puisque vous et madame de Villars lui manquez ; elle peut disposer de ma personne tant qu'elle s'en accommodera ; j'ai trop de raisons pour me trouver heureuse de ce goût. Elle n'a point été à Saint-Germain ; elle a des affaires qui la retiennent ici, malgré qu'elle en ait ; son cœur la mène, et lui fait souhaiter le séjour de Pompone : cet attachement est digne d'être honoré, et adoucit les malheurs communs. Adieu, ma chère belle, faites-moi écrire après avoir commencé; car il me faut quatre lignes de votre main : mademoiselle de Grignan, Montgobert, Gautier, ayez tous pitié de ma fille et de moi. Enfin, mon enfant, soulagez-vous, ayez soin de vous, fermez votre écritoire; c'est le vrai temple de Janus; et songez que vous ne sauriez faire un plus solide et plus sensible plaisir à ceux qui vous aiment, que de vous conserver pour eux, puisque ce serait vous tuer que de leur écrire.

LETTRE CXXXIX.

A LA MÊME.

A Paris, vendredi 5 janvier 1680.

Ah, ma très chère ! que je suis obligée à madame du Janet de vous avoir ôté la plume ! Si, par l'air de Salon et par les fatigues, vous retombez à tout moment, quelles raisons n'ai-je point de vous conjurer mille fois de ne point écrire ? Vous parlez de votre mal avec une capacité qui m'étonne : mais l'intérêt que je prends à votre santé me fait comprendre tout ce que vous dites. Que j'ai d'envie que cette bise et ce vent du midi vous laissent en repos ! Mais quel malheur d'être blessée de deux vents qui sont si souvent dans le monde, et surtout en Provence ! Je vous demande, ma fille, si dans l'état où vous êtes, je puis m'empêcher d'y penser tristement.

Je fus hier aux grandes Carmélites avec Mademoiselle, qui eut la bonne pensée de mander à madame de Lesdiguières de me mener. Nous entrâmes dans ce saint lieu; je fus ravie de l'esprit de la mère Agnès ; elle me parla de vous, comme vous connaissant par sa sœur (*madame de Villars.*) Je vis madame Stuart belle et contente. Je vis mademoiselle d'Epernon qui ne me trouva pas défigurée; il y avait plus de trente ans que nous ne nous étions vues; elle me parut horriblement changée. La petite du Janet ne me quitta point ; elle a le voile blanc depuis trois jours; c'est un prodige de ferveur et de vocation : je m'en vais en écrire à sa mère. Mais quel ange (*madame de la Vallière*) m'apparut à la fin! car M. le prince de Conti la tenait au parloir. Ce fut à mes yeux tous les charmes que nous avons vus autrefois; je ne la trouvai ni bouffie, ni jeune; elle est moins maigre et plus contente : elle a ses mêmes yeux et ses mêmes regards : l'austérité, la mauvaise nourriture et le peu de sommeil, ne les lui ont ni creusés, ni battus; cet habit si étrange n'ôte rien à la bonne grace, ni au bon air. Elle me dit mille honnêtetés, et me parla de vous si bien, si à propos; tout ce qu'elle dit était si assorti à sa personne, que je ne crois pas qu'il y ait rien de mieux. M. de Conti l'aime et l'honore tendrement, elle est son directeur; ce prince est dévot, et le sera comme son père. En vérité, cet habit et cette retraite sont une grande dignité pour elle.

Vous avez vu l'effet de ma prophétie. Non assurément, la personne qualifiée (*madame de Montespan*) ne partage pas avec la personne *enrhumée* (*madame de Maintenon*); car elle la regarde comme l'amie et la personne de confiance. La dame qui est au-dessus (*la reine*), en fait autant : elle est donc l'ame de cette cour. Je pris plaisir à vous avancer cette nouvelle de quelques jours, comme on me l'avait avancée. Pour la personne qu'on ne voit point (*madame de Fontanges*), et dont on ne parle point, elle se porte parfaitement bien; elle paraît quelquefois, comme une divinité; elle n'a nul commerce; elle a donné des étrennes magnifiques à sa devancière et à tous les enfants : c'est pour récompenser des présents du temps passé, qui n'avaient point été rendus, parce qu'en ce temps-là les louis étaient moins fréquents.

Madame de Soubise est toujours à Paris sans vouloir être vue; on croit qu'elle y sera plus long-temps qu'elle ne pense : elle a dit plusieurs choses qui ont déplu. MONSIEUR a prié Beauvais de quitter le Palais-Royal : il la trouva dans la chambre de MADAME qui parlait au comte de Soissons (1). Elle est chez madame de Vibraye. Voilà le vrai moyen de faire que Beauvais épouse ce prince, qui voudra se faire un honneur de ne pas l'abandonner, voyant qu'elle souffre pour lui. On dit que madame de Vibraye sera dame d'honneur de madame la princesse de Conti, mais avec tous les priviléges de dame du palais.

J'ai reçu ce matin une grande lettre de madame de Villars : je vous l'enverrais, sans qu'elle ne contient que trois points qui ne vous apprendraient rien de nouveau, l'estime, l'admiration et la tendresse que vous lui connaissez pour vous; les déplaisirs et les étonnements sur la disgrace de M. de Pompone, dont vous sortez; les nouvelles d'Espagne, et les louanges de madame de Grancey, que vous savez. Il me paraît de plus qu'elle se renferme fort chez elle, voulant éviter tous les airs d'empressement, et faire mentir les prophéties. La reine veut la voir *incognito*; elle se fait prier, pour se donner un

(1) Louis Thomas de Savoie, comte de Soissons, épousa, en décembre 1682, Uranie de la Cropte-de-Beauvais.

nouveau prix. La reine est adorée : elle a paru, pour la dernière fois, chez la reine sa belle-mère, habillée et parée à la française. Elle apprend le français au roi, et le roi lui apprend l'espagnol : tout va bien jusqu'ici.

Madame de Coulanges est à Saint-Germain ; elle a été fort employée pour les étrennes ; et ce pauvre la Trousse en a eu par hasard toute la fatigue : il est toujours assidu, et elle toujours dure, méprisante et amère : leur conduite ne peut se concevoir. La marquise (*de la Trousse*) toujours enragée, la fille toujours désespérée. J'entretiens tous les commerces que vous pouvez désirer. Madame de Lesdiguières m'a dit mille amitiés pour vous, et d'un bon ton. Je ferai vos compliments à madame de Rochefort, et pour sa compagne (*madame de Maintenon*), madame de Coulanges s'en chargera. Madame de Vins est encore ici, les autres à Pompone : l'hôtel de Paris a pensé brûler ; une chambre, avec ce qui était dedans, a été brûlée toute entière ; et le miracle, c'est qu'il y avait dans cette chambre de la poudre qui ne prit point, et qui vraisemblablement devait faire sauter la maison : il ne fallait que cela pour les ruiner ; mais Dieu les a conservés. Adieu, ma très chère et très aimable. Mon fils, qui est encore à Nantes, serait content d'attendre, pour revenir, que madame la Dauphine fût grosse : je me moque de sa proposition ; je lui mande de partir, ou de vendre sa charge.

LETTRE CXL.

A LA MÊME.

A Paris, mercredi 10 janvier 1680.

Si j'avais un cœur de cristal, où vous pussiez voir la douleur triste et sensible dont j'ai été pénétrée, en voyant comme vous souhaitez que ma vie soit composée de plus d'années que la vôtre, vous connaîtriez bien clairement avec quelle vérité je souhaite aussi que la Providence ne dérange point l'ordre de la nature, qui m'a fait venir en ce monde beaucoup devant vous, pour être votre mère; la raison et la règle veulent que je parte la première; et Dieu sait avec quelle instance je lui demande que cet ordre s'observe en moi. Il est impossible que la justice de ce sentiment ne vous touche pas autant que j'en suis touchée : de là, ma fille, vous n'aurez point de peine à vous représenter quelle sorte d'intérêt je prends à votre santé. Je vous conjure, par toute l'amitié que vous avez pour moi, de ne m'écrire qu'une feuille tout au plus : dites à quelqu'un de m'écrire, et même ne dictez point, cela fatigue. Enfin, je ne puis plus trouver de plaisir à ce qui me charmait autrefois dans votre absence, et vos grandes lettres me font plus de mal qu'à vous; je vous prie de m'ôter cette peine, il m'en reste encore assez. Madame de Schomberg vous conseille, si vous voulez à toute force prendre du café, d'y mettre du miel de Narbonne au lieu de sucre, cela console la poitrine, et c'est avec cette modification qu'on en laisse prendre à M. de Schomberg, dont la santé est extrêmement mauvaise, depuis six à sept mois. La mienne est parfaite; je vous ai mandé comme je m'étais purgée à merveilles et puis de cette eau de cerises. Pour mes mains, je crois qu'elles sont guéries, je n'y pense pas. Eh, ma chère enfant! ne songez qu'à vous, n'oubliez rien de tout ce qui doit vous soulager; vous connaissez trop l'amitié pour douter de ce que je souffre quand je pense à l'état où vous êtes; et cette pensée ne s'éloigne pas de moi.

Je suis de votre avis sur tous les choix de la maison de madame la Dauphine. Le maréchal d'Humières a mandé à Rouville qu'il était serviteur des dévots, depuis qu'il voyait le maréchal de Bellefond écuyer, madame d'Effiat gouvernante, et madame de Vibraye dame d'honneur.

On dit que cette dernière est repoussée, parce qu'elle a fait trop de façons et trop de propositions. On prétend que toute place pour laquelle on est choisi, dans *la maison du Seigneur*, honore la personne nommée ; tout est rehaussé maintenant. Autrefois les dames d'honneur de la reine étaient des marquises, et toutes les grandes charges de la maison du roi étaient aux seigneurs ; aujourd'hui, tout est duc et maréchal de France, tout est monté.

M. de Pompone est revenu pour finir ses affaires ; on va le payer. Je vois assez souvent madame de Vins, qui, n'ayant rien de nouveau à vous mander, ne vous écrit point, pour ne point vous obliger d'écrire inutilement. M. de Bussy et sa fille (*madame de Coligny*) ont dîné ici deux fois ; ils ont, en vérité, bien de l'esprit ; ils m'ont fort priée de vous faire leurs compliments. Le petit Coulanges est ici, tout comme vous l'avez vu ; la maréchale de Rochefort l'emmène avec elle au-devant de madame la Dauphine : je lui conseille de faire ce voyage, n'ayant rien de mieux à faire ; et peut-être que d'écrire de jolies relations, cela pourra lui être bon. Adieu, ma très chère bonne ; je ne sais rien : je crois même qu'en faisant mes lettres un peu moins finies, je vous jetterai moins de pensées et moins d'envie d'y répondre; c'est ce que je désire, ne pouvant jamais vouloir que ce qui vous est avantageux.

Mon fils est retourné en Basse-Bretagne faire les Rois; il assure qu'il sera ici le 20 : Dieu le veuille! Madame de Soubise est toujours invisible; elle sera à Paris plus qu'elle ne pense : elle est bien servie en ce pays-là. Mademoiselle de Fontanges est d'une beauté *singulière* (1) : elle paraît à la tribune comme une divinité; madame de Montespan de l'autre côté, autre divinité. La *singulière* a donné pour six mille pistoles d'étrennes (2). Madame de Coulanges a été fort admirée de ce qu'elle a exécuté.

(1) *Elle était* (dit l'abbé de Choisy) *belle comme un ange et sotte comme un panier.*

(2) Voici un trait de la galanterie magnifique de ce temps-là. C'est madame de Scudéry qui le mande à Bussy.

« Mademoiselle de..... a reçu des étrennes bien ga-
« lantes. Elle trouva sur sa toilette un petit diable qui
retenait une souris d'Allemagne, qui, dès qu'elle y tou-
« cha, s'ouvrit d'elle-même, et laissa tomber deux bra-
« celets de mille louis chacun, avec un billet où étaient
« écrits ces mots : *Le diable s'en mêle.* »

LETTRE CXLI.

A LA MÊME.

A Paris, mercredi 17 janvier 1680.

Le temps n'est plus, ma pauvre enfant, que ce m'était une consolation de recevoir une grande lettre de vous ; présentement ce m'est une véritable peine ; et quand je pense à celle que vous avez d'écrire, et au mal sensible que cela vous fait, je soutiens que vous ne sauriez m'écrire assez peu, et que si vous avez quelque soin de vous, et quelque amitié pour moi, il faut, par nécessité ou par précaution, que vous gardiez cette conduite. Si vous êtes incommodée, reposez-vous ; si vous ne l'êtes point, conservez-vous ; et puisque cette santé si précieuse, dont on ne connaît le bonheur qu'après l'avoir perdue, vous oblige à vous ménager, croyez que ce doit être votre unique affaire, et celle dont je vous aurai le plus d'obligation. Vous me paraissez accablée de la dépense d'Aix ; c'est une chose cruelle que de gâter encore vos affaires en Provence, au lieu de les raccommoder : vous souhaitez d'être à Grignan, c'est le seul lieu, dites-vous, où vous ne dépensez rien : je comprends qu'un peu de séjour dans votre château ne vous serait pas inutile à cet égard ; mais vous n'êtes plus en état de mettre cette considération au premier rang ; votre santé doit aller la première, c'est ce qui doit vous conduire ; et quelle raison pourrait obliger ceux qui vous aiment à vous laisser dans un air qui vous fait périr visiblement ? Vous êtes si incommodée de la bise d'Aix et de Salon, que vous devez attendre à l'être encore plus de celle de Grignan. Ainsi, ma fille, il faudra prendre une résolution sage ; il faudra, quand vous serez ici, n'être plus, comme vous êtes toujours, un pied en l'air ; il n'y a rien de bon avec cette agitation d'esprit ; vous devez changer de style, puisque vous changez de santé et de tempérament ; vous devez dire, je ne puis plus voyager, il faut que je me remette : mais au lieu de parler sincèrement de votre état à M. de Grignan qui vous aime, qui ne veut pas vous perdre, et qui voit comme vous combien le repos et le bon air sont nécessaires, il semble au contraire que vous vouliez le tromper et vous tromper aussi, en disant, je me porte parfaitement bien, quand vous vous portez parfaitement mal. Il s'agira donc de rectifier toutes ces manières, qui jusqu'ici n'ont servi qu'à détruire votre santé. Nous en parlerons encore : mais je ne puis m'empêcher de vous dire tout ceci, sur quoi vous pouvez faire des réflexions.

Vous trouvez, ce me semble, la cour bien orageuse. Vous avez raison d'être étonnée de madame de Soubise; personne ne sait le vrai de cette disgrace; il ne paraît point que ce soit une victime : elle a voulu une place que le roi l'a empêchée d'avoir : il y a bien à dire des épigrammes là-dessus. Quand elle a vu que toute cette distinction était réduite à une augmentation de pension, elle a parlé, elle s'est plainte; elle est venue à Paris; *j'y vins, j'y suis encore*, etc. Il ne serait pas impossible de tourner la suite de ces vers. On ne la voit point du tout, ni frère, ni sœur, ni tante, ni cousine : elle n'a que madame de Rochefort qui lui tient lieu de tout. On ne lui fera point dire ce qu'elle ne dit pas, car elle est recluse. Cependant elle est très bien servie là-bas; elle espère qu'elle retournera bientôt. Il y a des gens qui croient qu'elle pourra se tromper : si cela est, il faudra qu'elle change de vie; une plus longue retraite ne serait pas soutenable. On ne voit pas non plus madame de Rochefort;

c'est une belle femme de moins dans les fêtes qui se font pour les grandes noces.

Mademoiselle de Blois est donc madame la princesse de Conti : elle fut fiancée lundi en grande cérémonie, hier mariée, à la face du soleil, dans la chapelle de Saint-Germain : un grand festin comme la veille : l'après-dînée, une comédie, et le soir couchés, et leurs chemises données par le roi et par la reine. Si je vois quelqu'un, avant que d'envoyer cette lettre, qui soit revenu de la cour, je vous ferai une addition. Mais voyez comme il est bon de se tourmenter un peu pour avoir des places; il est certain que celles qui avaient été nommées pour dame d'honneur de cette princesse, avaient fait leurs diligences. Le hasard veut que madame de Buri (1), qui est à cinquante lieues d'ici, tombe dans l'esprit de madame Colbert; elle l'a vue autrefois, elle en parle à M. de Lavardin son neveu, elle en parle au roi ; on trouve qu'elle est tout comme il faut ; on mande qu'elle aura six mille francs d'appointements, qu'elle entrera dans le carrosse de la reine. On fait écrire le père Bour-

---

(1) Anne-Marie d'Eurre d'Aiguebonne, veuve de François de Rostaing, comte de Buri.

daloue. qui est son confesseur ; car elle n'est pas *Janséniste* comme madame de Vibraye ; c'est avec ce *mot* qu'on a supprimé celle-ci, quoiqu'elle soit sous la direction de Saint-Sulpice, qui est, pour la doctrine, comme celle des jésuites. Enfin, le courrier part, et on l'attend demain. Madame de Lavardin fait présent à madame de Buri d'une robe noire, d'une jupe, d'un mouchoir de point avec les manchettes, tout cela prêt à mettre. La Senneterre a eu beau tortiller autour du Bourdaloue, point de nouvelles. Vous êtes étonnée que la presse soit si grande, vous n'êtes pas la seule ; mais la rage est d'être là *in ogni modo*. Voilà donc une amie de M. le coadjuteur encore placée : c'est un moulin à paroles, comme vous savez ; elle parle *Buri*, c'est une langue ; mais au moins elle ne s'en est pas servie pour être à cette place. Celle de la maréchale de Clérembault est fort extraordinaire ; elle est protégée par MADAME, qui voudrait bien en faire une dame de la reine. Elle va à la cour, comme si de rien n'était ; il ne semble pas qu'elle se souvienne d'avoir été et de n'être plus gouvernante (1).

(1) Madame dit dans ses Lettres que cette dame ne lui fut ôtée que parce qu'elle l'aimait ; que c'était un tour de

Et trouve le chagrin, que Monsieur lui prescrit,
Trop digne de mépris pour y prêter l'esprit.

Vous rajusterez ces vers : mais quand ils se trouvent en courant au bout de ma plume, il faut qu'ils passent. Montgobert me parle d'un bal, où je vois danser fort joliment mon petit marquis. Pauline a-t-elle la même inclination pour la danse que sa sœur d'Adhémar? Il ne faudrait plus que cet agrément pour la rendre trop aimable : ah, ma fille, divertissez-vous de cette jolie enfant; ne la mettez point en lieu d'être gâtée; j'ai une extrême envie de la voir.

Je m'en vais vous dire une chose plaisante, dont Corbinelli est témoin; je lui dis lundi matin que j'avais songé toute la nuit d'une madame de Rus; que je ne comprenais pas d'où me revenait cette idée, et que je voulais vous demander des nouvelles de cette sorcière. Là-dessus je reçois votre lettre, et justement vous m'en parlez, comme si vous m'aviez entendue; ce hasard m'a paru plaisant : me voilà donc instruite de ce que je voulais vous demander. Je n'ai pas oublié le

---

la maréchale de Grancey, dont la fille cadette était aimée du chevalier de Lorraine, favori lui-même de Monsieur.

comte de Suze. M. de Saint-Omer son frère a été à l'extrémité; il a reçu tous les sacrements ; il ne voulait point être saigné avec une grosse fièvre, une inflammation ; le médecin anglais le fit saigner par force; jugez s'il en avait besoin; et ensuite avec son remède il l'a ressuscité, et dans trois jours *il jouera à la fossette.* Hélas ! cette pauvre lieutenante qui aimait tant M. de Vins, et qui craignait tant qu'on ne le sût pas, la voilà morte, et très jeune ; mandez-moi de quelle maladie ; je suis toujours surprise de la mort des jeunes personnes. Vous avez raison de vous plaindre que je vous ai mal élevée ; si vous aviez appris à prendre le temps comme il vient, cela vous aurait extrêmement amusée.

N'avez-vous point remarqué la gazette de Hollande ? Elle compte ceux qui ont des charges chez madame la Dauphine : M. de Richelieu, chevalier d'honneur ; M. le maréchal de Bellefond, premier écuyer ; M. de Saint-Géran *rien*. Vous m'avouerez que cela est plaisant. Enfin, cette folie est passée jusqu'en Hollande. Mon fils est toujours les délices de Quimper ; je crois pourtant qu'il est présentement à Nantes, et qu'il sera ici à la fin du mois ; vous voyez bien que je l'ai mieux élevé que vous : j'espère que dans quinze jours il n'y paraîtra pas, et qu'il sera prêt à partir avec les autres. N'écrivez point, et gardez-vous bien de répondre à toutes ces causeries dont je ne me souviendrai plus moi-même dans trois semaines. Si la santé de Montgobert peut s'accommoder à écrire pour vous, elle vous soulagera entièrement, sans même que vous ayez la peine de dicter : elle écrit comme nous.

J'approuve fort que vous soupiez ; cela vaut mieux que douze cuillerées de lait. Hélas ! ma fille, je change à toute heure ; je ne sais ce que je veux : c'est que je voudrais que vous pussiez retrouver de la santé ; il faut me pardonner, si je cours à tout ce que je crois de meilleur ; et c'est toujours sous le nom de bien et de mieux que je change d'avis. Pour vous, ma très chère, n'en changez point sur la bonne opinion que vous devez avoir de vous, malgré les procédés désobligeants de la fortune. En vérité, si elle voulait, M. et madame de Grignan tiendraient fort bien leur place à la cour : mais vous savez où cela est réglé, et l'inutilité du chagrin qu'on ne peut s'empêcher d'en avoir.

Je ne sais rien encore de ce qui s'est passé à la noce. J'ignore si ce fut à la face du soleil ou de la lune que le mariage se fit. J'irai faire mon paquet chez madame de Vins, et vous manderai ce que j'aurai appris. Cependant, je vous dirai une très grande nouvelle; c'est que M. le prince fit faire hier sa barbe; il était rasé; ce n'est point une illusion, ni une de ces choses qu'on dit en l'air, c'est une vérité; toute la cour en fut témoin; et madame de Langeron prenant son temps qu'il avait les pattes croisées comme le lion, lui fit mettre un justaucorps avec des boutonnières de diamants; un valet-de-chambre, abusant aussi de sa patience, le frisa, lui mit de la poudre, et le réduisit enfin à être l'homme de la cour de la meilleure mine, et une tête qui effaçait toutes les perruques : voilà le prodige de la noce. L'habit de M. le prince de Conti était inestimable; c'était une broderie de diamants fort gros, qui suivait les compartiments d'un velouté noir sur un fond de couleur de paille. On dit que la couleur de paille ne réussissait pas, et que madame de Langeron, qui est l'ame de toute la parure de l'hôtel de Condé, en a été malade. En effet, voilà de ces sortes de choses dont on ne doit point se consoler. M. le duc, madame la duchesse et mademoiselle de Bourbon avaient trois habits garnis de pierreries différentes pour les trois jours. Mais j'oubliais le meilleur, c'est que l'épée de M. le prince était garnie de diamants.

> La famosa spada,
> Al cui valore ogni vittoria è certa.

La doublure du manteau du prince de Conti était de satin noir, piqué de diamant comme de la moucheture. La princesse était romanesquement belle, et parée, et contente.

> Qu'il est doux de trouver dans un amant qu'on aime
> Un époux que l'on doit aimer!

LETTRE CXLII.

A LA MÊME.

A Paris, vendredi 19 janvier 1680.

Ce n'est point une feuille que je demande, c'est une page que j'ai voulu dire, c'est une ligne, c'est enfin ce qui ne peut vous faire aucune incommodité. Si vous êtes mal, ma chère enfant, vous êtes incapable d'écrire; si vous êtes bien, tenez-vous tranquille, et craignez de retomber. Quand le temps est doux ici, je pense qu'à Aix il est encore plus doux; mais cet air doux est trop subtil, et il vous incommode quelquefois comme la bise : quand vous vous promenez par ces beaux jours que je connais, y portez-vous cette douleur et cette pesanteur ? N'êtes-vous jamais sans plus ou moins de cette incommodité? J'admire comme on peut tourner uniquement sur une pensée, et comme tout le reste me paraît loin : c'est bien précisément cette lunette qui approche et qui recule les objets.

Il faut que je vous remercie de vos jolies étrennes; elles sont utiles, je suis ravie de les avoir, et le temps viendra que je vous en remercirai tous les jours intérieurement. Si elles changent un peu de couleur, je n'en tirerai point de fâcheuses conséquences pour votre amitié : il n'en est pas de même de mes misérables petites étrennes ; dès que je ne vous aimerai plus, elles deviendront vertes comme du pré ; observez-les bien, ma fille, je me suis livrée à cette marque indubitable; et sans que je prenne le soin de vous parler jamais de mon amitié, vous en saurez la vérité. Je vous remercie donc de votre joli présent, et je reçois comme une marque de votre tendresse, le cas que vous faites du mien, quoique petit et inutile. Voilà les seuls chagrins que me donne ma médiocre fortune ; mais ils ne sont pas médiocres comme elle : j'en suis pénétrée, et je regarde l'abondance de madame de Verneuil (1), comme un plaisir fort au-dessus de sa principauté. Je viens de lui écrire ; je n'y avais pas encore pensé. Je n'ai point vu M. de Gordes, j'irai le chercher. Au reste vous n'avez pas bien chaussé vos besicles sur les prophéties que vous faites; vous verrez toujours mesdames de Créqui

(1) Charlotte Séguier, veuve de maximilien-François de Béthune, duc de Sully, et remariée le 29 octobre 1668 avec Henri de Bourbon, duc de Verneuil.

et de Richelieu dames d'honneur; ce choix est trop bon pour leur donner des compagnes; jamais le roi n'a eu dessein de donner les entrées et les honneurs de cette place à madame de Soubise, et c'est pour l'avoir cru et l'avoir dit qu'elle est à Paris : comme elle trouva dans l'explication, que tout cela se réduisait à une augmentation de dix mille francs de pension, elle se plaignit et parla; voilà ce qui nous a paru. Les bons offices de ce pays-là n'ont pas manqué d'être placés généreusement pendant son absence. Elle se cache, afin qu'au moins on ne la fasse plus parler. Mais cette rougeole imaginée, et cette parfaite solitude, ne nous plaisent pas à nous autres spectateurs. On croit pourtant que tout s'adoucira : mais voilà une belle noce dont elle n'a point été, c'est quelque chose à une personne qui ne comprend pas qu'on puisse vivre ailleurs qu'à la cour.

M. de Marsillac est si extraordinairement occupé, et de sa cour, et de sa chasse, qu'il est comme *imbenecido;* il ne répond ni aux billets de M. de la Rochefoucauld, ni à ceux de Langlade, quoiqu'il s'agisse de ses propres affaires. Ce n'est pas que si M. de Grignan veut dîner avec lui, ou lui donner les moyens de le servir, il ne retrouve alors son ancien ami; c'est de quoi son père m'assure tous les jours en vous faisant mille amitiés, et en demandant de vos nouvelles avec un soin très obligeant. Madame de La Fayette y mêle encore plus de tendresse, à cause de votre ancienne et nouvelle amitié. Celle de madame de Vins me paraît bien véritable; elle vous conjure de ne point lui écrire : il faudrait, en vérité, ne vous aimer guère, pour vouloir contribuer au mal que cela vous fait. Quand je vais chez M. de Pompone, ce n'est plus, comme vous savez, que chez le plus honnête homme du monde, ce n'est plus chez un ministre. On ne lui a pas encore donné sa somme entière. Je crois que madame de Vins ira bientôt à Saint-Germain ; madame de Richelieu l'a souhaité; je la plains, ce voyage sera triste pour elle; je ne m'accoutume point à cette disgrace.

Mon fils ne m'écrit point, il n'est pas encore revenu à Nantes : j'avais jusqu'ici tout mis sur mon compte, en disant qu'il achevait mes affaires; mais je commence à succomber aux reproches amers de M. de la Trousse, qui me dit que je devrais donc lui faire vendre sa charge, pour vaquer à celle de mon intendant. Je suis persuadée que mon fils reviendra, lorsque j'y penserai le moins, et qu'au bout de huit jours il n'y paraîtra plus. Les dames de madame la Dauphine et sa maison partent jeudi 25 pour Schélestat. Le chevalier a été à la noce; il ne tiendra qu'à lui de vous faire de beaux récits. La belle Fontanges n'y parut point; on dit qu'elle est triste de la mort d'une petite personne. Adieu, ma très belle et très aimable, j'embrasse vos enfants et les miens, et ceux de M. de Grignan.

LETTRE CXLIII.

A LA MÊME.

A Paris, vendredi 26 janvier 1680.

Je veux commencer par votre santé; c'est ce qui me tient uniquement au cœur. C'est sans préjudice de cette continuelle pensée, que je vois, que j'entends toutes les choses de ce monde: elles sont plus proches ou plus loin de moi, selon qu'elles ont plus ou moins de rapport à vous : vous me donnez même l'attention que j'ai aux nouvelles. Je vous trouve bien dorlotée, bien mitonnée, ma chère enfant; vous n'êtes point dans le tourbillon, je suis en repos pour votre repos; mais je n'y suis pas pour cette chaleur et cette pesanteur, et cette douleur sans bise, sans fatigue. Je voudrais bien un peu plus d'éclaircissement sur un point si important : tant de soins qu'on a de vous, ne sont pas sans raison, ni par pure précaution. Je souhaite que ce soit sincèrement que vous ne vouliez plus vous tuer avec votre écritoire; confirmez-moi cette bonne opinion de vous, et en nul cas ne m'écrivez de grandes lettres, puisque Montgobert s'en acquitte très bien, et que, comme je vous ai dit, elle peut même vous soulager de dicter. Je voudrais qu'elle mêlât un mot du sien sur le sujet de votre santé.

En vérité, je ne me souviens plus du petit de Gonor; je vous laisse le soin, et à votre frère, de ces anciennnes dates. Sans la présence de MADEMOISELLE, j'aurais renoncé mademoiselle d'Épernon; je dis ce jour-là, et toujours, ces sottises que vous appelez jolies, et tout ce qu'on peut faire pour les adoucir; vous voulez tirer de ce rang le compliment que je fis à madame de Richelieu, je le veux bien, car il ressemble à ce que lui aurait dit M. de Grignan : j'y pensai : voilà justement de ces choses qui lui viennent quand il parle et quand il écrit; c'est ce qui fait que ses lettres font toujours, deux mois durant, l'ornement de toutes les poches. Madame de Coulanges avait encore hier la sienne, et la mienne : cela n'est-il pas plaisant? Au reste, ma très chère, ne comptez point tant que vous soyez où vous devez être, que vous ne comptiez encore que vous devez être quelquefois ici; c'est votre pays et celui de M. de Grignan; et je vivrais bien tristement, si je n'espérais vous y revoir cette année. M. de Rennes (1) vous garde votre appartement, et nous donnera pourtant tout le temps d'y faire travailler. Vous ne m'avez aucune obligation de cette société, ce n'en est point une, c'est un homme admirable, il ne pèse rien non plus que ses gens, sa conversation est légère; on le voit peu; il trotte assez, et ne hait pas d'être dans sa chambre; on le souhaite; il ne ressemble pas à feu M. du Mans : enfin, il est tel que si on souhaitait quelqu'un qui ne fût pas vous, ce serait un autre comme celui-là : il m'a priée déjà plusieurs fois de vous faire bien des compliments, et de vous dire que, quelque joie qu'il ait d'être ici, il m'aime trop pour n'avoir pas beaucoup d'envie de vous quitter la place.

On ne parle plus de madame de Soubise, on n'y pense même déjà plus. Vraiment, il y a bien d'autres affaires; et je crois que je suis folle de m'amuser à parler d'autre chose. Il y a deux jours que l'on est assez comme le jour de MADEMOISELLE et de M. de Lauzun : on est dans une agitation, on envoie aux nouvelles, on va dans les

(1) L'évêque de Rennes (Jean-Baptiste de Beaumanoir) occupait dans ce temps-là l'appartement de madame de Grignan à l'hôtel de Carnavalet.

maisons pour en apprendre, on est curieux ; et voici ce qui a paru en attendant le reste (1).

M. de Luxembourg était mercredi à Saint-Germain, sans que le roi lui fît moins bonne mine qu'à l'ordinaire : on l'avertit qu'il y avait contre lui un décret de prise de corps : il voulut parler au roi; vous pouvez penser ce qu'on dit. Sa Majesté lui dit que, s'il était innocent, il n'avait qu'à s'aller mettre en prison, et qu'il avait

---

(1) La Voisin, la Vigoureux et un nommé le Sage, connus à Paris comme devins et tireurs d'horoscopes, joignirent à cette jonglerie le commerce secret des poisons, qu'ils appelaient *poudre de succession*. Ils ne manquèrent pas d'accuser tous ceux qui étaient venus à eux pour une chose, d'y avoir recouru pour l'autre. C'est ainsi que le maréchal de Luxembourg fut compromis par son intendant Bonard, qui avait fait chez le Sage on ne sais quelle extravagante *conjuration* pour retrouver des papiers perdus. Le vindicatif Louvois saisit l'occasion pour le perdre ou au moins pour le tourmenter.

Outre les personnes nommées ici, madame de Polignac fut décrétée de prise de corps, et la maréchale de la Ferté, ainsi que la comtesse du Roure, d'ajournement personnel.

On accusait la comtesse de Soissons d'avoir empoisonné son mari, madame d'Alluie son beau-père, madame de Tingry ses enfants, madame de Polignac un valet de chambre, maître de son secret.

donné de si bons juges pour examiner ces sortes d'affaires, qu'il leur en laissait toute la conduite. M. de Luxembourg monta aussitôt en carrosse, et s'en vint chez le Père de la Chaise : mesdames de Lavardin et de Mouci, qui venaient ici, le rencontrèrent dans la rue Saint-Honoré, assez triste dans son carrosse : après avoir été une heure aux Jésuites, il fut à la Bastille, et remit à Baisemeaux (*le gouverneur*) l'ordre qu'il avait apporté de Saint-Germain. Il entra d'abord dans une assez belle chambre. Madame de Meckelbourg (1) vint l'y voir, et pensa fondre en larmes ; elle s'en alla, et une heure après qu'elle fut sortie, il arriva un ordre de le mettre dans une des horribles chambres grillées qui sont dans les tours, où l'on voit à peine le ciel, et défense de voir qui que ce fût. Voilà, ma fille, un grand sujet de réflexion : songez à la fortune brillante d'un tel homme, à l'honneur qu'il avait eu de commander les armées du roi, et représentez-vous ce que ce fut pour lui d'entendre fermer ces gros verroux ; et s'il a dormi par excès d'abattement, pensez au réveil. Personne ne croit qu'il y ait du poison à son affaire. Je vous assure

(1) C'était la sœur de M. de Luxembourg.

que voilà une sorte de malheur qui en efface bien d'autres.

Madame de Tingry est ajournée pour répondre devant les juges. Pour madame la comtesse de Soissons, elle n'a pu envisager la prison ; on a bien voulu lui donner le temps de s'enfuir, si elle est coupable. Elle jouait à la bassette mercredi : M. de Bouillon entra ; il la pria de passer dans son cabinet, et lui dit qu'il fallait sortir de France, ou aller à la Bastille : elle ne balança point ; elle fit sortir du jeu la marquise d'Alluie ; elles ne parurent plus. L'heure du souper vint ; on dit que madame la comtesse soupait en ville : tout le monde s'en alla, persuadé de quelque chose d'extraordinaire. Cependant on fit beaucoup de paquets, on prit de l'argent, des pierreries ; on fit prendre des justaucorps gris aux laquais, aux cochers ; on fit mettre huit chevaux au carrosse. Elle fit placer auprès d'elle dans le fond la marquise d'Alluie, qu'on dit qui ne voulait pas aller, et deux femmes de chambre sur le devant. Elle dit à ses gens qu'ils ne se missent point en peine d'elle, qu'elle était innocente ; mais que ces coquines de femmes avaient pris plaisir à la nommer : elle pleura ; elle passa chez madame de Carignan, et sortit de Paris à trois heures du matin. On dit qu'elle va à Namur, vous croyez qu'on n'a pas dessein de la suivre. On ne laissera pas de faire son procès, ne fût-ce que pour la justifier : il y a bien des noirceurs dans ce que dit la Voisin. On croit le duc de Villeroi (1) très affligé ; il est enfermé dans sa chambre, et ne voit personne. Peut-être vous dirai-je encore quelque nouvelle avant que de fermer cette lettre.

Madame de Vibraye a repris le train de sa dévotion ; Dieu n'a pas voulu qu'elle ait passé sa vie, comme vous dites fort bien, avec ses ennemis. Madame de Buri fait fort joliment tourner son moulin à paroles. Si on voit la princesse à Paris, madame de Vins désire que j'y aille avec elle. Pomenars a été taillé, vous l'ai-je dit? Je l'ai vu ; c'est un plaisir que de l'entendre parler sur tous ces poisons : on est tenté de lui dire, est-il possible que ce seul crime vous soit inconnu ? Volonne dit son avis comme un autre, admirant le commerce qu'on a eu avec ces *coquines*. La reine d'Espagne est quasi aussi enfermée que M. de Luxembourg. Madame de Villars mandait l'autre jour à madame de Coulanges:

(1) Il était l'ami intime de la comtesse de Soissons.

que si ce n'était pour l'amour de M. de Villars, elle ne passerait point son hiver à Madrid. Elle fait des relations fort jolies et fort plaisantes à madame de Coulanges, croyant bien qu'elles iront plus loin (1). Je suis fort contente d'en avoir le plaisir, sans être obligée d'y répondre. Madame de Vins est de mon avis. M. de Pompone est allé pour trois jours respirer à Pompone; il a tout reçu, il a tout rendu : voilà qui est fait. Il me serre toujours le cœur, quand il me demande si je ne sais point de nouvelles; il est ignorant comme sur les bords de la Marne : il a raison de calmer son ame tant qu'il pourra. La mienne a été fort émue, aussi bien que celle de l'abbé, de ce que vous écrivez de votre main : vous ne l'avez pas senti, ma chère enfant, il est impossible de le lire avec des yeux secs. Eh, bon Dieu! vous compter *bonne à rien et inutile partout* à quelqu'un qui ne compte que vous dans le monde: comprenez l'effet que cela peut faire. Je vous prie de ne plus dire de mal de votre humeur;

---

(1) Madame de Coulanges, passant sa vie à la cour avec madame de Maintenon, même avec mademoiselle de Fontanges, pouvait faire parvenir ces agréables relations jusqu'au Roi.

votre cœur et votre ame sont trop parfaits pour laisser voir ces légères ombres : épargnez un peu la vérité, la justice, et mon seul et sensible goût. Je ne compterai point ma vie que je ne me retrouve avec vous.

LETTRE CXLIV.

A LA MÊME.

A Paris, vendredi 2 février 1680.

Si je succombais aussi aisément à la tentation de vous entendre discourir dans vos lettres, que vous succombez à l'envie de causer, ce serait une belle chose : je m'assurerais du combat du petit garçon, que vous réduisez en quatre lignes le plus plaisamment du monde : vous dites que vous n'êtes pas forte sur la narration ; et je vous dis, moi, qu'on ne peut mieux abréger un récit. Je comprends que vous vous soyez divertie de ce petit garçon qui croit s'être battu à la rigueur. La sagesse du petit marquis me plaît. Vous me représentez fort bien les divers sentiments de mesdemoiselles de Grignan : ce que vous dites de Pauline est incomparable, aussi bien que l'usage que vous faites de votre délicatesse pour éviter les plaisirs du carnaval. Je n'oublierai jamais la hâte que vous aviez de vous divertir vitement, avalant les jours gras comme une médecine, pour vous trouver promptement dans le repos du carême. Vos personnes qualifiées *au pluriel et au singulier* vous soulagent beaucoup, et font très bien leurs personnages. Il ne faut pas douter que de vous entendre expliquer tout cela, ne soit fort délicieux; mais cependant, ma fille, je chasse cette tentation par la pensée que rien ne vous est plus mauvais que d'écrire; je vous conjure donc de ne plus vous jouer à m'écrire autant que la dernière fois, si vous ne voulez que je réduise mes lettres à une demi-page, et que j'en use ainsi pour vous faire voir que vous me forcez à rompre tout commerce. J'embrasse M. de Grignan, puisqu'enfin, avec tant de peine et tant d'adresse, vous l'avez obligé à me pardonner; et je le prie, en faveur de cette réconciliation, de prendre soin d'accourcir les lignes que je veux de vous. Il me paraît que vous l'avez trompé, et Montgobert aussi, dans la quantité de celles que vous m'avez écrites; je vous demande tendrement de n'y plus retourner.

Vos raisonnements sur madame de Saint-Géran sont bien à propos; il y a trois semaines que madame de Buri est établie dans la place où vous croyiez madame de Saint-Géran. Madame la Dauphine n'aura point de dames ; vous connaissez sa dame d'honneur et ses dames d'atour, voilà tout. Il y a huit jours qu'elles sont parties avec toute la maison pour Schélestat : les filles le sont aussi ; elles sont de grande naissance, sans nulle beauté extraordinaire, Laval, les Biron, Tonnerre, Rambure et la bonne Montchevreuil à leurs trousses. On laisse la sixième place à quelque Allemande, si madame la Dauphine veut en amener. Le roi caresse et traite si tendrement madame la princesse de Conti, que cela fait plaisir : quand elle arrive, il la baise et l'embrasse, et cause avec elle ; il ne contraint plus l'inclination qu'il a pour elle ; c'est sa vraie fille, il ne l'appelle plus autrement : tirez toutes vos conséquences. *Elle est toujours des graces le modèle*, et croît beaucoup : elle n'est point surintendante (1), et n'a point eu cent mille écus de pension ; j'ai sur le cœur ces deux faussetés. Vous devriez lire les gazettes, elles sont bonnes et point exagérées, ni flatteuses comme autrefois. Mais quelle folie de parler d'autre chose que de madame de Voisin et de M. le Sage !

(1) De la maison de la reine.

M. DE SÉVIGNÉ.

Ce n'est pas M. le Sage qui prend la plume, comme vous voyez; me revoilà enfin, ma belle petite sœur, tout planté à Paris, à côté de maman mignonne, que l'on ne m'accuse point encore d'avoir voulu empoisonner; et je vous assure que, dans le temps qui court, ce n'est pas un petit mérite. Je suis dans les mêmes sentiments pour ma petite sœur; c'est pourquoi je souhaite ardemment le retour de votre santé; après celui-là nous en souhaiterons un autre.

MADAME DE SÉVIGNÉ.

Le voilà arrivé, ce fripon de Sévigné. J'avais dessein de le gronder, et j'en avais tous les sujets du monde; j'avais même préparé un petit discours raisonné, et je l'avais divisé en dix-sept points, comme la harangue de Vassé; mais je ne sais de quelle façon tout cela s'est brouillé, et si bien mêlé de sérieux et de gaîté, que nous avons tout confondu. *Tout père frappe à côté*, comme dit la chanson. On continue à blâmer un peu la sagesse des juges, qui a fait tant de bruit et nommé scandaleusement de si grands noms, pour si peu de chose. M. de Bouillon a demandé au roi permission de faire imprimer l'interrogatoire de sa femme, pour l'envoyer en Italie et par toute l'Europe, où l'on pourrait croire que madame de Bouillon est une empoisonneuse. Madame de la Ferté, ravie d'être innocente une fois en sa vie, a voulu à toute force jouir de cette qualité; et quoiqu'on lui eût mandé de ne point venir si elle ne voulait, elle le voulut, et cela fut encore plus léger que madame de Bouillon. Feuquières et madame du Roure, toujours des peccadilles. Mais voici ce qui est désagréable pour les prisonniers, c'est que la chambre ne travaillera de vingt jours, soit pour tâcher de se racquitter, en faisant des informations nouvelles, soit en faisant venir de loin des gens accusés, comme, par exemple, cette Polignac, qui a un décret, ainsi que la comtesse de Soissons. Enfin, voilà vingt jours de repos, ou de désespoir; cependant la comtesse de Soissons gagne pays, et fait fort bien : il n'est rien tel que de mettre son crime ou son innocence au grand air (1). J'ai eu toutes les peines du

(1) La comtesse de Soissons offrit de revenir, pourvu qu'on ne la mît ni à la Bastille ni à Vincennes. La condi-

monde à découvrir que cette pauvre Bertillac est morte.

tion fut rejetée. Elle finit par se retirer à Bruxelles, où elle mourut, sur la fin de 1708, « lorsque, dit Voltaire, « le prince Eugène, son fils, la vengeait par tant de vic- « toires, et triomphait de Louis XIV. »

LETTRE CXLV.

A LA MÊME.

A Paris, mercredi 21 février 1680.

Je ne puis mieux vous récompenser des bonnes nouvelles que vous me mandez de votre santé, qu'en vous apprenant que l'abbé de Grignan est évêque d'Evreux; il me semble que je vous entends dire, qu'est-ce que c'est qu'Evreux? Le voici : Evreux est la plus jolie ville de Normandie, à vingt petites lieues de Paris, à seize de Saint-Germain : elle est à M. de Bouillon; l'évêché vaut vingt mille livres de rente, le logement est très beau, l'église des plus belles, la maison de campagne est des plus agréables qu'il y ait en France. Ce diocèse touche à celui de Rouen, dont l'abbé de Colbert est coadjuteur. La belle maison de l'archevêque de Rouen, nommée *Gaillon*, que tout le monde connaît, est dans le diocèse d'Evreux. Cette place est charmante; pour moi, je l'aimerais mieux que Marseille : vous n'êtes que trop établis en Provence; et ce qu'il y a de plus de revenu à Marseille, se mange bien par les voyages. En un mot, tous les amis des Grignans sont persuadés que rien n'était plus souhaitable pour notre abbé. Voici comment l'affaire s'est faite : il y a encore un vieux évêque d'Evreux qui a plus de quatre-vingts ans; c'était autrefois l'évêque du Pui, que vous avez vu sans doute à Sainte-Marie; il a fait la vie de ma grand'mère (1). Ce bon homme n'est plus en état d'agir; il a demandé au roi que sa place fût donnée, et lui a nommé de petits abbés, dont les noms n'ont pas plu à Sa Majesté. Le roi lui a répondu qu'il ne se mît point en peine, qu'il envoyât sa démission pure et simple, et qu'il lui choisirait un homme dont il serait content. Cet homme-là, c'est votre beau-frère. Voici les conditions : il faudra donner à ce vieux évêque une pension de cinq ou six mille francs pour achever sa vie; après quoi le roi met une pension de mille écus sur ce bénéfice pour le chevalier de Grignan : voilà un souvenir qui est obligeant, en attendant mieux. Le chevalier est bien persuadé qu'il fera vivre le vieillard neuf cents ans, comme autrefois. Les deux frères se trouvèrent

---

(1) Jeanne-Françoise Frémiot, baronne de Chantal, fondatrice de l'ordre de la Visitation.

ici, et partirent ensemble pour Saint-Germain, où ils sont encore. Je ne doute pas que leurs remercîments n'aient été bien reçus, et qu'à leur retour ils ne soient plus charmés que de la manière. Pour moi, j'avoue que je suis grossière, et que j'aime extrêmement la chose. Ils vous manderont tout ceci beaucoup mieux que moi ; mais j'y prends tant d'intérêt, que je n'ai pu m'empêcher de me jeter dans des détails : cela est naturel.

Je prendrai cet été pour aller faire, peut-être, un dernier voyage en Bretagne : le bon abbé le croit nécessaire, et n'a pas dessein d'y retourner de sa vie : mais vous jugez bien que je reviendrai pour vous recevoir. Le petit Coulanges est ravi de votre réponse ; et comme il n'a point d'aversion naturelle pour vous, comme j'en ai, il sera assez heureux pour passer l'été avec vous. Vous dites qu'il est cruel de pouvoir attendre tous vos amis à Grignan, hormis moi; et je le trouve encore plus cruel que vous; car mon ignorance me fait compter pour beaucoup de voir une personne tendrement aimée. Je suis frappée des objets, et l'absence doit me déplaire plus qu'à vous, qui n'en croyez point ; pour moi, qui en crois, j'en suis touchée extraordinairement. Mais je suis persuadée que vous reviendrez cet automne, comme vous l'avez dit : vous consulterez votre santé : un hiver est impraticable à Grignan, et très ruineux à Aix, par la dépense qu'entraînent les jeux et les plaisirs qui sont à votre suite : c'est proprement le carnaval, que la vie que vous faites. Nous ne pensons pas ici à nous divertir, et je ne voudrais pas vous répondre que nous n'allions passer les trois jours gras à Livry.

Il faut que la T...(1) soit bien malheureuse, puisque madame de Lesdiguières en a pitié : je crois que le plus grand crime de M. de Luxembourg est de l'avoir aimée. On ne parle plus de lui ; on ne sait pas même s'il est encore à la Bastille ; on dit qu'il est à Vincennes (2). Rien n'est pire, en vérité, que d'être en prison, si ce n'est d'être comme cette diablesse de Voisin, qui est, à l'heure que je vous parle, brûlée à petit feu à la Grève.

On assure qu'on a fermé les portes de Namur et d'Anvers, et plusieurs villes de Flandres, à madame la comtesse, en disant : *Nous ne vou-*

(1) Ce T.... paraît désigner madame de Tingry.
(2) Le maréchal de Luxembourg resta quatorze mois en prison. Il en sortit sans jugement. Il reparut à la cour, sans que le roi lui parlât de cet évènement.

lons point de ces empoisonneuses. C'est ainsi que cela se tourne ; et désormais un Français dans le pays étranger, et un empoisonneur, ce sera la même chose. On croit que madame la comtesse ira à Hambourg. Le marquis d'Alluie est allé la trouver, et n'est point allé à Amboise, comme on disait.

On a nommé huit ou dix hommes de la cour, avec si mille francs de pension, pour être assidus auprès de M. le Dauphin : il y en aura tous les jours deux qui le suivront. Le chevalier vous mandera leurs noms : il me semble que j'ai entendu parlé de messieurs de Chiverni, de Dangeau, de Clermont et de Crussol; je ne sais point encore les autres, ni même si ceux-là sont bien vrais. M. de Montausier (1) a dit à M. le Dauphin : « Monseigneur, si vous êtes honnête « homme, vous m'aimerez; si vous ne l'êtes pas, « vous me haïrez, et je m'en consolerai. »

Corbinelli vous rendra compte des affaires de votre père commun *(Descartes).* Il vous fait mille compliments, et à M. de Grignan, ainsi que la Mousse. Mesdames de Lavardin, de Mou-

(1) M. le duc de Montausier quittait en ce temps-là ses fonctions de gouverneur de MONSEIGNEUR.

ci, d'Huxelles, et vingt autres que j'oublie, coururent ici pour se réjouir avec moi, et me prier de vous dire la part qu'elles ont prise à vos prospérités.

Je viens d'apprendre que cette belle maison de l'évêché d'Evreux n'est qu'à dix lieues de Saint-Germain ; elle s'appelle *Condé*, nom peu barbare : mais je suis bien affligée de ce que le vieux évêque y fit couper, il y a deux ans, les plus belles allées d'un parc qui faisait l'admiration de tout le pays : il n'y a point de plaisir pur. Le bon abbé est ravi de cette maison de campagne auprès de Saint-Germain, et dit que la Providence vous redonne un Livry.

Depuis ma lettre écrite, j'ai vu les Grignans et j'ai appris d'eux avec un plaisir extrême le détail de leur voyage de Saint-Germain. Ils vous ont mandé tout cela dès lundi; en sorte que vous saurez tout avant que d'avoir reçu cette lettre. On parle du chevalier de Grignan, pour le mettre au nombre des courtisans (1) qui doivent accompagner M. le Dauphin.

(1) Ils furent appelés *Menins*, d'un mot tiré de l'espagnol.

LETTRE CXLVI.

A LA MÊME.

A Paris, vendredi 23 février 1680.

En vérité, ma fille, voici une assez jolie petite semaine pour les Grignans. Si la Providence voulait favoriser l'aîné à proportion, nous le verrions dans une belle place ; en attendant, je trouve qu'il est fort agréable d'avoir des frères si bien traités. A peine le chevalier a-t-il remercié de ses mille écus de pension, qu'on le choisit entre huit ou dix hommes de qualité et de mérite, pour l'attacher à M. le Dauphin avec une pension de deux mille écus : voilà neuf mille livres de rente en trois jours. Il retourna sur ses pas à Saint-Germain, pour remercier encore ; car ce fut en son absence, et pendant qu'il était ici, qu'il fut nommé. Son mérite particulier a beaucoup servi à ce choix; une réputation distinguée, de l'honneur, de la probité, de bonnes mœurs, tout cela s'est fort réveillé, et l'on a trouvé que Sa Majesté ne pouvait mieux faire que de jeter les yeux sur un si beau sujet. Il n'y en a encore que huit de nommés (1), Dangeau, d'Antin, Clermont, Saint-Maur, Matignon, Chiverni, Florensac et Grignan. C'est une approbation générale pour ce dernier. J'en fais mes complimens à M. de Grignan, à M. le coadjuteur et à vous. Mon fils part demain : il a lu vos reproches; peut-être que la beauté de la cour qu'il veut quitter, et où il est si joliment placé, le fera changer d'avis. Nous avons déja obtenu qu'il ne s'impatientera pas, et qu'il attendra paisiblement qu'on vienne le tenter par une plus grosse somme que celle qu'il a déboursée. Vous m'avez fait sentir la joie de MM. de Grignan par celle que j'ai de vous savoir mieux : dès que vos maux ne sont pas continuels, j'espère qu'en vous conservant, en prenant du lait, et en n'écrivant point, vous me feriez retrouver ma fille et son aimable visage. Je suis ravie de la sincérité de Montgobert; si elle me disait toujours des merveilles de votre santé, je ne la croirais jamais : elle ménage fort bien tout cela, et ses vérités me font plaisir : tant il est naturel d'ai-

---

(1) Le nombre en fut réduit à six : messieurs de Dangeau, d'Antin, de Saint-maur, de Chiverni, de Florensac et de Grignan.

mer à n'être point trompée. Dieu vous conserve donc, ma très chère, dans ce bienheureux état, puisqu'il nous donne de si bonnes espérances!

Mais parlons un peu des Grignans, il y a long-temps que nous n'en avons rien dit. Il n'est question que d'eux; tout est plein de compliments dans cette maison; à peine a-t-on fini l'un que l'on recommence l'autre. Je ne les ai point revus depuis que le chevalier est *Dame du Palais*, comme dit M. de la Rochefoucauld. Il vous mandera toutes les nouvelles mieux que je ne puis faire. On ne croit pas que madame de Soubise soit du voyage: cela est un peu long.

Je ne vous parlerai que de la Voisin : ce ne fut point mercredi, comme je vous l'avais mandé, qu'elle fut brûlée, ce ne fut qu'hier. Elle savait son arrêt dès lundi, chose fort extraordinaire. Le soir elle dit à ses gardes : Quoi, nous ne ferons point *medianoche* ! Elle mangea avec eux à minuit, par fantaisie, car il n'était point jour maigre; elle but beaucoup de vin, elle chanta vingt chansons à boire. Le mardi elle eut la question ordinaire, extraordinaire; elle avait dîné, et dormit huit heures; elle fut confrontée sur le matelas à mesdames de Dreux et le Féron, et à plusieurs autres : on ne parle point encore de ce qu'elle a dit; on croit toujours qu'on verra des choses étranges. Elle soupa le soir, et recommença, toute brisée qu'elle était, à faire la débauche avec scandale : on lui en fit honte, et on lui dit qu'elle ferait bien mieux de penser à Dieu, et de chanter un *Ave maris stella*, ou un *Salve*, que toutes ces chansons : elle chanta l'un et l'autre en ridicule, elle dormit ensuite. Le mercredi se passa de même en confrontations, et débauches, et chansons : elle ne voulut point voir de confesseur. Enfin le jeudi, qui était hier, on ne voulut lui donner qu'un bouillon : elle en gronda, craignant de n'avoir pas la force de parler à ces Messieurs. Elle vint en carrosse de Vincennes à Paris; elle étouffa un peu, et fut embarrassée : on voulut la faire confesser, point de nouvelles. A cinq heures on la lia; et avec une torche à la main, elle parut dans le tombereau habillée de blanc; c'est une sorte d'habit pour être brûlée; elle était fort rouge, et l'on voyait qu'elle repoussait le confesseur et le crucifix avec violence. Nous la vîmes passer à l'hôtel de Sully, madame de Chaulnes, madame de Sully, la comtesse (*de Fiesque*) et bien d'autres. A Notre-Dame, elle ne voulut jamais prononcer l'amende-honorable, et à la Grève elle se défendit autant qu'elle put de sortir du tombereau : on l'en tira de force ; on la mit sur le bûcher assise et liée avec du fer, on la couvrit de paille ; elle jura beaucoup, elle repoussa la paille cinq ou six fois ; mais enfin le feu s'augmenta, et on la perdit de vue, et ses cendres sont en l'air présentement. Voilà la mort de madame Voisin, célèbre par ses crimes et par son impiété. Un juge à qui mon fils disait l'autre jour que c'était une étrange chose que de la faire brûler à petit feu, lui dit : « Ah, Monsieur ! il y a cer« tains petits adoucissements à cause de la fai« blesse du sexe. *Eh quoi, Monsieur ! on les* « *étrangle ?* Non, mais on leur jette des bûches « sur la tête ; les garçons du bourreau leur arra« chent la tête avec des crocs de fer. » Vous voyez bien, ma fille, que ce n'est pas si terrible que l'on pense : comment vous portez-vous de ce petit conte ? Il m'a fait grincer des dents. Une de ces misérables qui fut pendue l'autre jour, avait demandé la vie à M. de Louvois, et qu'en ce cas elle dirait des choses étranges ; elle fut refusée. Eh bien, dit-elle, soyez persuadé que nulle douleur ne me fera dire une seule parole. On lui donna la question ordinaire, et si extraordinairement extraordinaire, qu'elle pensa y mourir, comme un autre qui expira, le médecin lui tenant le pouls; cela soit dit en passant. Cette femme donc souffrit tout l'excès de son martyre sans parler. On la mène à la Grève; avant que d'être jetée, elle dit qu'elle voulait parler : elle se présente héroïquement : « Messieurs, *dit-elle*, « assurez M. de Louvois que je suis sa servante, « et que je lui ai tenu ma parole ; allons, qu'on « achève. » Elle fut expédiée à l'instant. Que dites-vous de cette sorte de courage ? Je sais encore mille petits contes agréables comme celui-là, mais le moyen de tout dire ?

Voilà ce qui forme nos douces conversations, pendant que vous vous réjouissez, que vous êtes au bal, que vous donnez de grands soupers. J'ai bien envie de savoir le détail de toutes vos fêtes; vous ne ferez autre chose tous ces jours gras, et vous avez beau vous dépêcher de vous divertir, vous n'en trouverez pas sitôt la fin : nous avons le carême bien haut.

LETTRE CXLVII.

A LA MÊME.

A Paris, mercredi 28 février 1680.

N'ai-je pas raison de dire, ma fille, que tout ce qui est arrivé aux Grignans en quatre jours, vous rapproche de ce pays? Il est impossible qu'ayant si bien fait pour les cadets, on ne fasse pour l'aîné. Je crois que le temps en viendra ; il n'était pas encore venu l'année passée ; les bienfaits n'étaient pas ouverts comme ils le sont présentement.

J'ai à vous reprendre une fausse nouvelle, que madame de Coulanges croyait vraie : c'est la séparation de madame de Maintenon d'avec les autres, pour aller au-devant; quelle folie ! cela n'est point vrai, et on le disait pourtant en de très bons lieux. Je vous retire encore les vacances de la chambre de l'Arsenal ; ils se sont remis à travailler au bout de quatre jours : cela me désespère de vous tromper, et de vous faire raisonner à faux.

M. de la Rochefoucauld nous conta hier qu'à Bruxelles, la comtesse de Soissons avait été contrainte de sortir doucement de l'église, et que l'on avait fait une danse de chats liés ensemble, ou, pour mieux dire, une criaillerie par malice, et un sabbat si épouvantable, qu'ayant crié en même temps que c'étaient des diables et des sorcières qui la suivaient, elle avait été obligée, comme je vous dis, de quitter la place, pour laisser passer cette folie, qui ne vient pas d'une trop bonne disposition des peuples. On ne dit rien de M. de Luxembourg. Cette Voisin ne nous a rien produit de nouveau : elle a donné gentiment son ame au diable tout au beau milieu du feu ; elle n'a fait que passer de l'un à l'autre.

Mais parlons du voyage : l'abbé de Lannion, qui est revenu de Bavière, dit que madame la Dauphine est tout-à-fait aimable, que son esprit la pare, qu'elle est *virtuose* (elle sait trois ou quatre langues), et qu'elle est bien mieux que le portrait que de Troy a envoyé. Sa Majesté partit lundi pour nous aller querir cette princesse. Il se trouva le matin, dans la cour de Saint-Germain, un très beau carrosse tout neuf à huit chevaux, avec des chiffres, plusieurs chariots et fourgons, quatorze mulets, beaucoup de gens autour, habillés de gris ; et dans le fond de ce carrosse monta la plus belle personne (*mademoi-*

selle de Fontanges) de la cour, avec des Adrets seulement, et des carrosses de suite pour leurs femmes. Il y a apparence que les soirs on ira voir cette personne; et voilà un changement de théâtre : l'eussiez-vous cru, le soir que nous étions chez madame de Flamarens ?

Madame de Villars mande mille choses agréables à madame de Coulanges, chez qui on vient apprendre les nouvelles. Ce sont des relations qui font la joie de beaucoup de personnes : M. de la Rochefoucauld en est curieux : madame de Vins et moi, nous en attrapons ce que nous pouvons. Nous comprenons les raisons qui font que tout est réduit à ce bureau d'adresse ; mais cela est mêlé de tant d'amitié et de tendresse, qu'il semble que son tempérament soit changé en Espagne, et qu'elle ait même oublié de souhaiter qu'on nous en fasse part. Cette reine d'Espagne est belle et grasse. Les combats de taureaux affreux, deux grands pensèrent y périr, leurs chevaux tués sous eux ; très souvent la scène en est ensanglantée : voilà les divertissements d'un royaume chrétien : les nôtres sont bien opposés à cette destruction, et bien plus aisés à comprendre.

Vous êtes trop aimable de penser à Corbinelli;

il a triomphé dans cette occasion, et a redoublé sa dévotion à la Providence. Je ne connais personne dont les vues et les connaissances soient plus chrétiennes que les siennes; il a été fort touché de ce tourbillon de bonheur dans la maison de Grignan : il a quelquefois tant d'esprit, que je voudrais que vous l'eussiez pour vous divertir : il a mis tous ses intérêts entre les mains du lieutenant-civil, qui, à ce que je crois, lui donnera une sentence arbitrale dans peu de jours : il a étudié le droit : il juge tous les procès, sans que personne l'en prie. Je n'ai pas voulu qu'il ait été à des assemblées de beaux esprits, parce que je sais qu'il y a des barbets qui rapportent à merveille ce qu'on dit à l'honneur de votre père Descartes. Nous apprenons, à votre exemple, à ne point soutenir les mauvais partis, et à laisser généreusement accabler nos anciens amis : voici le pays de la politique, aussi bien que le pays des objets; il est vrai que les idées n'y font pas un grand séjour. Vous dites fort bien, en vérité; il n'y a que moi qui passe ma vie à être occupée, et de la présence et du souvenir de la personne aimée.

Vous me dites sur les échecs ce que j'ai souvent pensé; je ne trouve rien qui rabaisse tant l'orgueil ; ce jeu fait sentir la misère et les bornes de l'esprit : je crois qu'il serait fort utile à quelqu'un qui aimerait ces réflexions. Mais, d'un autre côté, cette prévoyance, cette pénétration, cette prudence, cette justesse à se défendre, cette habileté pour attaquer, le bon succès de sa bonne conduite, tout cela charme, et donne une satisfaction intérieure qui pourrait bien nourrir l'orgueil. Je n'en suis donc pas encore bien guérie, et je veux être un peu plus persuadée de mon imbécillité.

Nous sommes présentement occupés du voyage du roi : nous ne songions pas à M. de Luxembourg quatre jours après ; le tourbillon nous emporte, nous n'avons pas le loisir de nous arrêter si long-temps sur une même chose : nous sommes surchargés d'affaires. Le roi a reçu plusieurs lettres de ces Dames qui l'assurent que madame la Dauphine est bien plus aimable qu'on ne l'avait dit ; elles en sont contentes au dernier point : elle est fille et petite-fille de deux princesses fort caressantes : je ne sais si c'est bien l'air d'ici, nous verrons. Cette princesse d'Allemagne reçut en passant le compliment des députés de Strasbourg ; elle leur dit : « Messieurs, parlez-moi « français, je n'entends plus l'allemand. » Elle n'a point regretté son pays, elle est toute Française. Elle a écrit à M. le dauphin avec des nuances de style, selon qu'elle a été près d'être sa femme, qui ont marqué bien de l'esprit : c'est à Monseigneur à mettre la dernière couleur, et à lui faire oublier le pays qu'elle quitte avec tant de joie. Madame de Maintenon a mandé au roi que sa personne est aimable, sa taille parfaite, et que, parmi cette envie de dire toujours tout ce qui peut plaire, il y a bien de l'esprit et de la dignité. Adieu, ma très chère, il ne faut pas vous épuiser en lecture, non plus qu'en écriture : je souhaite que votre rhume ait passé légèrement par-dessus votre délicatesse. J'embrasse le joli marquis; je trouve que vous jugez fort bien de sa petite conduite ; être hardi quand il le faut, et remplir tout ce qu'on attend dans les occasions où l'on est compté pour tenir une place, voilà ce qui fait les grands mérites à la guerre et ailleurs. Je vous assure que ce petit homme fera une figure considérable ; il me semble que je le vois dans l'avenir.

M. et madame de Pompone, et madame de Vins, partirent hier pour Pompone jusqu'au retour de la cour. Madame de Vins me parut aise d'aller avec eux passer ainsi le carnaval : ils avaient été prendre congé à Saint-Germain : le roi fit fort bien à M. de Pompone, et lui parla comme à l'ordinaire : mais d'être dans la foule, après avoir vu tomber les portes devant lui, c'est une chose qui le pénètre toujours. Ces devoirs-là, à quoi pourtant il ne veut pas manquer dans les occasions, lui font une peine incroyable. Ils reprendront des forces tous ensemble à la campagne : le temps ne guérit pas ces sortes de maux, mais le courage les soutiendra. Ils sont parfaitement contents, et de vous, et de moi.

Au reste, ces allées coupées à *Condé*, dont j'étais affligée, n'ont fait que les plus belles routes du monde : c'est une des plus agréables maisons qu'il y ait en France.

LETTRE CXLVIII.

A LA MÊME.

A Paris, vendredi 15 mars 1680.

Je crains bien pour cette fois que nous ne perdions M. de la Rochefoucauld, sa fièvre a continué; il reçut hier Notre-Seigneur: mais son état est une chose digne d'admiration. Il est fort bien disposé pour sa conscience, voilà qui est fait: mais du reste, c'est la maladie et la mort de son voisin, dont il est question; il n'en est pas effleuré, il n'en est pas troublé; il entend plaider devant lui la cause des médecins, du frère Ange, et de l'Anglais, d'une tête libre, sans daigner quasi dire son avis; je reviens à ce vers :

Trop au-dessous de lui pour y prêter l'esprit.

Il ne voyait point hier matin madame de La Fayette, parce qu'elle pleurait, et qu'il recevait Notre-Seigneur; il envoya savoir à midi de ses nouvelles. Croyez-moi, ma fille, ce n'est pas inutilement qu'il a fait des réflexions toute sa vie; il s'est approché de telle sorte ces derniers moments, qu'ils n'ont rien de nouveau ni d'étranger pour lui. M. de Marsillac arriva avant-hier à minuit, si comblé de douleur amère, que vous ne seriez pas autrement pour moi. Il fut long-temps à se faire un visage et une contenance; il entre enfin, et trouve M. de la Rochefoucauld dans cette chaise, peu différent de ce qu'il est toujours. Comme c'est M. de Marsillac qui est son ami, de tous ses enfants, on fut persuadé que le dedans était troublé ; mais il n'en parut rien, et il oublia de lui parler de sa maladie. Ce fils ressortit pour crever ; et après plusieurs agitations, plusieurs cabales, Gourville contre l'Anglais, Langlade pour l'Anglais, chacun suivi de plusieurs de la famille, et les deux chefs conservant toute l'aigreur qu'ils ont l'un pour l'autre, M. de Marsillac décida pour l'Anglais, et hier à cinq heures du soir, M. de la Rochefoucauld prit le remède de l'Anglais; et à huit encore. Comme on n'entre plus du tout dans cette maison, on a peine à savoir la vérité; cependant on m'assure qu'après avoir été cette nuit à un moment près de mourir, par le combat du remède et de l'humeur de la goutte, il a fait une si considérable évacuation, que, quoique la fièvre ne soit pas encore diminuée, il y a sujet de tout espérer : pour moi, je suis persuadée qu'il en réchappera. M. de Marsillac n'ose encore ouvrir son cœur à l'espérance; il ne peut ressembler dans sa tendresse et dans sa douleur, qu'à vous, ma chère enfant, qui ne voulez point que je meure. Vous croyez bien que, dans l'état où il est, je ne lui donne pas la lettre de M. de Grignan; mais elle ira avec les autres qui viendront : car je suis convaincue avec Langlade, de qui j'ai appris tout ceci, que ce remède fera le miracle entier.

Je vous demande comment vous vous portez de votre voyage de Marseille : je gronde M. de Grignan de vous y avoir menée; je ne saurais approuver cette *trotterie* inutile. Ne faudra-t-il point que vous alliez montrer Toulon, Hières, la Sainte-Baume, Saint-Maximin, et la fontaine de Vaucluse, à mesdemoiselles de Grignan?

Je suis quasi toujours chez madame de La Fayette, qui connaitrait mal les délices de l'amitié et les tendresses du cœur, si elle n'était aussi affligée qu'elle l'est. Je fais ce paquet chez elle à neuf heures du soir; elle a lu votre petit billet ; car, malgré ses craintes, elle espère assez pour avoir été en état de jeter les yeux dessus.

M. de la Rochefoucauld est toujours dans la même situation, il a les jambes enflées; cela déplait à l'Anglais, mais il croit que son remède viendra à bout du tout : si cela est, j'admirerai la bonté des médecins, de ne pas le tuer, assassiner, déchirer, massacrer; car enfin, les voilà perdus : c'est leur ôter la vie, que de tirer la fièvre de leur domaine. Duchesne ne s'en soucie pas : mais les autres sont enragés.

LETTRE CXLIX.

A LA MÊME.

A Paris, dimanche 17 mars 1680.

Quoique cette lettre ne parte que mercredi, je ne puis m'empêcher de la commencer aujourd'hui, pour vous dire que M. de la Rochefoucauld est mort cette nuit. J'ai la tête si pleine de ce malheur, et de l'extrême affliction de notre pauvre amie, qu'il faut que je vous en parle. Hier samedi, le remède de l'Anglais avait fait des merveilles; toutes les espérances de vendredi, que je vous écrivais, étaient augmentées; on chantait victoire, la poitrine était dégagée, la tête libre, la fièvre moindre, des évacuations salutaires; dans cet état, hier à six heures, il tourne à la mort: tout d'un coup les redoublements de fièvre, l'oppression, des rêveries; en un mot, la goutte l'étrangle traîtreusement; et quoiqu'il eût beaucoup de force, et qu'il ne fût point abattu de saignées, il n'a fallu que quatre ou cinq heures pour l'emporter; et à minuit il a rendu l'ame entre les mains de M. de Condom.

M. de Marsillac ne l'a point quitté d'un moment; il est dans une affliction qui ne peut se représenter : cependant il retrouvera le roi et la cour; toute sa famille se retrouvera à sa place : mais où madame de La Fayette retrouvera-t-elle un tel ami, une telle société, une pareille douceur, un agrément, une confiance, une considération pour elle et pour son fils? Elle est infirme, elle est toujours dans sa chambre, elle ne court point les rues. M. de la Rochefoucauld était sédentaire aussi; cet état les rendait nécessaires l'un à l'autre, et rien ne pouvait être comparé à la confiance et aux charmes de leur amitié. Songez-y, ma fille, vous trouverez qu'il est impossible de faire une perte plus considérable, et dont le temps puisse moins consoler. Je n'ai pas quitté cette pauvre amie tous ces jours-ci ; elle n'allait point faire la presse parmi cette famille; en sorte qu'elle avait besoin qu'on eût pitié d'elle. Madame de Coulanges a très bien fait aussi, et nous continuerons quelque temps encore aux dépens de notre rate, qui est toute pleine de tristesse. Voilà en quel temps sont arrivées vos jolies petites lettres, qui n'ont été admirées jusqu'ici que de madame de Coulanges et de moi : quand le chevalier sera de retour, il trouvera peut-être un temps propre pour les donner ; en attendant, il faut en écrire une de douleur à M. de Marsillac ; il met en honneur toute la tendresse des enfants, et fait voir que vous n'êtes pas seule : mais, en vérité, vous ne serez guère imitée. Toute cette tristesse m'a réveillée, elle me représente l'horreur des séparations, et j'en ai le cœur serré.

Mercredi, 20 mars.

Il est enfin mercredi. M. de la Rochefoucauld est toujours mort, et M. de Marsillac toujours affligé, et si bien enfermé, qu'on ne croirait pas qu'il songe à sortir de cette maison. La petite santé de madame de La Fayette soutient mal une pareille douleur ; elle en a la fièvre, et il ne sera pas au pouvoir du temps de lui ôter l'ennui de cette privation. Sa vie est tournée d'une manière qu'elle trouvera tous les jours un tel ami à dire. N'oubliez pas de m'écrire quelque chose pour elle.

Je suis troublée de votre santé et du voyage que vous faites. Vous n'irez pas en Barbarie ; mais il y aura bien *de la barbarie*, si cette fatigue vous fait du mal. Il est vrai que de penser à ces deux bouts de la terre où nous sommes plantées, est une chose qui fait frémir, et surtout quand je serai près de notre Océan, pouvant aller aux Indes comme vous en Afrique. Je vous assure que mon cœur ne regarde point cet éloignement avec tranquillité. Si vous saviez le trouble que me donne le moindre retardement de vos lettres, vous jugeriez bien aisément de ce que je souffrirai dans mon chien de voyage. Je n'ai point revu nos Grignans; ils sont à Saint-Germain, le chevalier à son régiment. On a voulu me mener voir madame la Dauphine : en vérité, je ne suis pas si pressée. M. de Coulanges l'a vue : le premier coup d'œil est à redouter, comme dit Sanguin ; mais il y a tant d'esprit, de mérite, de bonté, de manières charmantes, qu'il faut l'admirer : *s'il faut honorer Cybèle, il faut encore plus l'aimer.* On ne conte pas ses dits pleins d'esprit et de raison. La faveur de madame de Maintenon augmente tous les jours. Ce sont des conversations infinies avec Sa Majesté, qui donne à madame la Dauphine le temps qu'il donnait à madame de Montespan; jugez de l'effet que peut faire un tel retranchement. *Le char gris* (1) est d'une beauté étonnante; elle vint

---

(1) Mademoiselle de Fontanges.

l'autre jour au travers d'un bal, par le beau milieu de la salle, droit au roi, et sans regarder ni à droite, ni à gauche; on lui dit qu'elle ne voyait pas la reine, il était vrai : on lui donna une place; et quoique cela fît un peu d'embarras, on dit que cette action d'une *embebecida* fut extrêmement agréable : il y aurait mille bagatelles à conter sur tout cela.

Votre frère est fort triste à sa garnison : je pense que la rencontre de vos esprits animaux, quoique de même sang, ne déterminera point les siens à penser comme vous. Votre période m'a paru très belle, je doute que j'y réponde; mais il n'importe, vous voyez fort bien ce que je veux dire. Vous me paraissez si contente de la fortune de vos beaux-frères, que vous ne comptez plus sur la vôtre, vous vous retirez derrière le rideau : je vous ai mandé comme cela me blesse le cœur, et me paraît injuste. N'admirez-vous point que Dieu m'a ôté encore cet amusement de parler de vos intérêts avec M. de la Rochefoucauld qui s'en occupait fort obligeamment? De sorte qu'ayant aussi perdu M. de Pompone, je n'ai pas le plaisir de croire que je puisse jamais être bonne à rien du tout. Je n'ai jamais vu tant de choses extraordinaires qu'il s'en est passé depuis que vous êtes partie. J'apprends que le jeune évêque d'Evreux est le favori du vieux, et que ce dernier a écrit au roi pour le remercier de lui avoir donné un tel successeur.

LETTRE CL.

A LA MÊME.

A Paris, vendredi 29 mars 1680.

Vous aviez bien raison de dire que j'entendrais parler de la vie que vous feriez en l'absence de M. de Grignan et de ses filles : cette vie est toute extraordinaire; vous vous êtes *jetée* dans un couvent, vous savez qu'on ne se *jette* point à Sainte-Marie, c'est aux Carmélites qu'on se *jette*. Vous vous êtes donc *jetée* dans un couvent, vous avez couché dans une cellule; je suppose que vous avez mangé de la viande, quoique vous ayez mangé au réfectoire : le médecin qui vous conduit ne vous aurait pas laissé faire une folie. Vous avez très habilement évité les récréations. Vous ne me dites rien de la petite d'Adhémar; ne lui avez-vous pas permis d'être dans un petit coin à vous regarder? La pauvre enfant! elle était bien heureuse de profiter de cette retraite.

J'étais avant-hier tout au beau milieu de la cour; madame de Chaulnes enfin m'y mena. Je vis madame la Dauphine, dont la laideur n'est point du tout choquante, ni désagréable; son visage lui sied mal, mais son esprit lui sied parfaitement; elle ne fait et ne dit rien, qu'on ne voie qu'elle en a beaucoup. Elle a les yeux vifs et pénétrants; elle entend et comprend facilement toutes choses; elle est naturelle, et non plus embarrassée ni étonnée, que si elle était née au milieu du Louvre. Elle a une extrême reconnaissance pour le roi, mais c'est sans bassesse; ce n'est point comme étant au-dessous de ce qu'elle est aujourd'hui, c'est comme ayant été choisie et distinguée dans toute l'Europe. Elle a l'air fort noble, et beaucoup de dignité et de bonté : elle aime les vers, la musique, la conversation; elle est fort bien quatre ou cinq heures toute seule dans sa chambre; elle est étonnée de l'agitation qu'on se donne pour se divertir; elle a fermé la porte aux moqueries et aux médisances : l'autre jour, la duchesse de la Ferté voulut lui dire une plaisanterie comme un secret sur cette pauvre princesse *Marianne* (1), dont la misère est à respecter; madame la Dauphine lui dit avec un air sérieux : *Madame, je ne suis point curieuse*. Mesdames de Richelieu, de Ro-

---

(1) C'était la princesse de Conti.

chefort et de Maintenon me firent beaucoup d'honnêtetés, et me parlèrent de vous. Madame de Maintenon, par un hasard, me fit une petite visite d'un quart-d'heure; elle me conta mille choses de madame la Dauphine, et me reparla de vous, de votre santé, de votre esprit, du goût que vous avez l'une pour l'autre, de votre Provence, avec autant d'attention qu'à la rue des Tournelles : un tourbillon me l'emporta, c'était madame de Soubise qui rentrait dans cette cour au bout de ses trois mois, jour pour jour. Elle venait de la campagne; elle a été dans une parfaite retraite pendant son exil; elle n'a vécu que du jour qu'elle est revenue. La reine et tout le monde l'a reçue fort bien. Le roi lui fit une très grande révérence : elle soutint avec très bonne mine tous les différents compliments qu'on lui faisait de tous côtés.

M. le duc me parla beaucoup de M. de la Rochefoucauld, et les larmes lui en vinrent encore aux yeux. Il y eut une scène bien vive entre lui et madame de La Fayette, le soir que ce pauvre homme était à l'agonie; je n'ai jamais tant vu de larmes, ni jamais une douleur plus tendre et plus vraie; il était impossible de n'être pas comme eux ; ils disaient des choses à fendre le cœur; je n'oublierai jamais cette soirée. Hélas! ma chère enfant, il n'y a que vous qui ne me parliez point encore de cette perte; ah! c'est où l'on connaît encore mieux l'horrible éloignement : vous m'envoyez des billets et des compliments pour lui; vous n'avez pas envie que je les porte sitôt. M. de Marsillac aura les lettres de M. de Grignan, avec le temps; il n'y eut jamais une affliction plus vive que la sienne : madame de La Fayette ne l'a point encore vu : quand les autres de la famille sont venus la voir, ç'a été un renouvellement étrange. M. le duc me parlait donc tristement là-dessus. Nous entendîmes, après dîner, le sermon de Bourdaloue, qui frappe toujours comme un sourd, disant des vérités à bride abattue, parlant à tort et à travers contre l'adultère : sauve qui peut, il va toujours son chemin. Nous revînmes avec beaucoup de plaisir. Mesdames de Guénégaud et de Carman étaient des nôtres : je les assurai fort qu'à moins d'une dauphine, j'étais servante à mon âge et sans affaires, de ce bon pays-là.

Madame de Vins, qui voulait savoir des nouvelles de mon voyage, vint hier dîner joliment avec moi; elle causa long-temps avec Corbinelli et la Mousse; la conversation était sublime et divertissante; Bussy n'y gâta rien. Nous allâmes faire quelques visites, et puis je la ramenai. Je vis mademoiselle de Méri qui ne veut plus du tout de son bail; elle s'en prend à l'abbé, qui croyait que madame de Lassai était demeurée d'accord de tout: il se défend fort bien, et maintient que ce logement est fort joli: c'est une nouvelle tribulation. Vous n'êtes pas en état d'envisager votre retour, vous êtes encore *trop battus de l'oiseau*, comme disait l'abbé au reversis: j'espère qu'après quelques mois de repos à Grignan, vous changerez d'avis, et que vous ne trouverez pas qu'un hiver à Grignan soit une bonne chose à imaginer.

Pour mon fils, il est vrai que je trouve du courage; je lui dis et redis toutes mes pensées; je lui écris des lettres que je crois qui sont admirables; mais plus je donne de force à mes raisons, plus il pousse les siennes; et sa volonté paraît si déterminée, que je comprends que c'est là ce qui s'appelle vouloir efficacement. Il y a un degré de chaleur dans le désir qui l'anime, à quoi nulle prudence ne peut résister: je n'ai pas sur mon cœur d'avoir préféré mes intérêts à sa fortune; je les trouverais tout entiers à le voir marcher avec plaisir dans un chemin où je le conduis depuis si long-temps. Il se trompe dans tous ses raisonnements, il est tout de travers : j'ai tâché de le redresser avec des raisons toutes droites et toutes vraies, appuyées du sentiment de tous nos amis ; et je lui dis enfin : Mais ne vous défiez-vous de rien, quand vous voyez que vous seul pensez une chose que tout le monde désapprouve? il met l'opiniâtreté à la place d'une réponse, et nous revenons toujours à ménager qu'au moins il ne fasse pas un marché extravagant. Adieu, ma très chère, j'ignore comment vous vous portez; je crains votre voyage, je crains Salon, je crains Grignan; je crains, en un mot, tout ce qui peut nuire à votre santé; par cette raison, je vous conjure de m'écrire bien moins qu'à l'ordinaire.

LETTRE CLI.

A LA MÊME.

A Paris, mercredi 3 avril 1680.

Ma chère enfant, le pauvre M. Fouquet est mort, j'en suis touchée (1) : je n'ai jamais vu perdre tant d'amis ; cela donne de la tristesse de voir tant de morts autour de soi : mais ce qui n'est pas autour de moi, et ce qui me perce le cœur, c'est la crainte que me donne le retour de toutes vos incommodités ; car quoique vous vouliez me le cacher, je sens vos brasiers, votre pesanteur, votre point. Enfin, cet intervalle si doux est passé, et ce n'était pas une guérison. Vous dites vous-même qu'*une flamme mal éteinte est facile à rallumer*. Ces remèdes que vous mettez dans votre cassette, comme très sûrs dans le be-

---

(1) Gourville assure dans ses Mémoires qu'il sortit de prison avant sa mort, et Voltaire le tenait de sa belle-fille madame de Vaux. Mais madame de Sévigné le croyait mort à Pignerol, ainsi que tout le public. Ce qu'en dit mademoiselle de Montpensier confirme l'opinion générale.

soin, devraient bien être employés présentement.
M. de Grignan n'aura-t-il point de pouvoir dans
cette occasion ? et n'est-il point en peine de l'état
où vous êtes ? J'ai vu le petit Beaumont ; vous
pouvez penser si je l'ai questionné ! quand je
songeais qu'il n'y avait que huit jours qu'il vous
avait vue, il me paraissait un homme tout autrement estimable que les autres : il dit que vous
n'étiez pas si bien, quand il est parti, que vous
étiez cet hiver. Il m'a parlé de vos soupers, qu'il
trouvait très bons ; de vos divertissements, de
l'honnêteté de M. de Grignan et de la vôtre, du
bon effet que mesdemoiselles de Grignan faisaient
pour soutenir les plaisirs, pendant que vous vous
reposiez : il dit des merveilles de Pauline et du
petit marquis ; jamais je n'eusse fini la conversation la première ; mais il voulait aller à Saint-Germain, car il m'a vue avant le roi son maître.
Son grand-père a eu la charge (1) qu'a eue le
maréchal de Bellefond : il était très intime ami
de mon père, et au lieu de chercher des parents,
comme on a coutume de le faire, mon père le
prit, sans autre mystère, pour nommer sa fille,
de sorte que c'était mon parrain. J'ai extrême-

---

(1) De premier maître-d'hôtel du roi

ment connu cette famille : je trouve le petit-fils fort joli, mais fort joli; vous avez bien fait de ne point lui parler de votre frère; je n'ai parlé de cette affaire qu'à ceux à qui mon fils en a parlé lui-même, pour tâcher de trouver des marchands.

Je vous crois présentement à Grignan. Je vois avec peine l'agitation de vos adieux; je vois, au sortir de votre solitude, qui vous a paru si courte, un voyage à Arles; autre mouvement, et je vois le voyage jusqu'à Grignan, où vous aurez peut-être retrouvé une bise pour vous recevoir dans l'état où vous êtes : ah ! ce n'est point sans inquiétude pour une personne aussi délicate que vous, qu'on se représente toutes ces choses. Vous m'avez envoyé une relation d'Anfossi, qui vaut mieux que toutes les miennes; je ne m'étonne pas si vous ne pouvez vous résoudre à vendre une terre où il se trouve de si jolies Bohémiennes; il n'y eut jamais une plus agréable et plus nouvelle réception. Vous êtes, en vérité, si stoïcienne et si pleine de réflexions, que je craindrais de joindre les miennes aux vôtres, de peur que ce ne fût une double tristesse : mais ce qui me paraît sage et raisonnable, et digne de l'amitié de M. de Grignan, ce serait de mettre tous ses soins à pouvoir revenir ici au mois d'octobre.

Vous n'avez point d'autre lieu pour passer l'hiver. Je ne veux pas vous en dire davantage présentement; les choses prématurées perdent leur force et donnent du dégoût.

Il n'est plus question d'aucun grand voyage; on ne parle que de Fontainebleau. Vous aurez très assurément M. de Vendôme cette année. Pour moi, je cours en Bretagne avec un chagrin insurmontable; j'y vais, et pour y aller, et pour y être un peu, et pour y avoir été. Après la perte de la santé, que je mets toujours avec raison au premier rang, rien n'est si fâcheux que le mécompte et le dérangement des affaires : je m'abandonne donc à cette cruelle raison. Jugez de l'excès de mon chagrin, vous qui savez avec quelle inquiétude je souffre le retardement de deux heures des courriers; vous comprenez bien ce que je vais devenir, avec encore un peu plus de loisir et de solitude, pour donner plus d'étendue à mes craintes : il faut avaler ce calice, et penser à revenir pour vous embrasser ; car rien ne se fait que dans cette vue; et me trouvant au-dessus de bien des choses, je me trouve infiniment au-dessous de celle-là : c'est ma destinée; et les peines qui sont attachées à la tendresse que j'ai pour vous, étant offertes à Dieu, font la pénitence d'un attachement qui ne devrait être que pour lui.

Mon fils vient d'arriver de Douai, où il commandait la gendarmerie pendant le mois de mars. M. de Pompone a passé le jour ici, il vous aime, et vous honore, et vous estime parfaitement. Ma résidence pour vous auprès de madame de Vins, me fait être assez souvent avec elle, et, en vérité, on ne peut être mieux. La pauvre madame de La Fayette ne sait plus que faire d'elle-même; la perte de M. de la Rochefoucauld fait un si terrible vide dans sa vie, qu'elle en comprend mieux le prix d'un si agréable commerce : tout le monde se consolera, hormis elle, parce qu'elle n'a plus d'occupation, et que tous les autres reprennent leur place. Mademoiselle de Scudéry est très affligée de la mort de M. Fouquet; enfin, voilà cette vie qui a tant donné de peine à conserver ! il y aurait beaucoup à dire là-dessus; sa maladie a été des convulsions et des maux de cœur, sans pouvoir vomir. Je m'attends au chevalier pour toutes les nouvelles, et sur-tout pour celles de madame la Dauphine, dont la cour est telle que vous l'imaginez : vos pensées sont très justes : le roi y est fort souvent, cela écarte un peu la presse. Adieu, ma très chère et très aimable : je suis plus à vous mille fois que je ne puis vous le dire.

LETTRE CLII.

A LA MÊME.

A Paris, samedi au soir 6 avril 1680.

Vous allez apprendre une nouvelle qui n'est pas un secret, et vous aurez le plaisir de la savoir des premières. Madame de Fontanges (1) est duchesse avec vingt mille écus de pension; elle en recevait aujourd'hui les compliments dans son lit. Le roi y a été publiquement; elle prend demain son tabouret, et s'en va passer le temps de Pâques à une abbaye (*de Chelles*) que le roi a donnée à une de ses sœurs. Voici une manière de séparation qui fera bien de l'honneur à la sévérité du confesseur. Il y a des gens qui disent que cet établissement sent le congé : en vérité, je n'en crois rien, le temps nous l'apprendra. Voici ce qui est présent : madame de Montespan est enragée; elle pleura beaucoup hier; vous pouvez juger du martyre que souffre son orgueil, qui est encore plus outragé par la haute

---

(1) Marie-Angélique d'Escorailles.

faveur de madame de Maintenon. Sa Majesté va passer très souvent deux heures de l'après-dînée dans la chambre de cette dernière, à causer avec une amitié et un air libre et naturel qui rend cette place la plus désirable du monde. Madame de Richelieu commence à sentir les effets de sa dissipation ; les ressorts s'affaiblissent visiblement ; elle présente tout le monde, et ne dit pas ce qui convient à chacun : ce petit tracas de dame d'honneur, dont elle s'acquittait si bien, est tout dérangé. Elle présenta la Trousse et mon fils, sans les nommer à Monseigneur. Elle dit de la duchesse de Sully : Voilà une de nos danseuses ; elle ne nomma pas madame de Verneuil : elle pensa laisser baiser madame de Louvois, parce qu'elle la prenait pour une duchesse ; enfin, cette place est dangereuse, et fait voir que les petites choses font plus de mal que l'étude de la philosophie. La recherche de la vérité n'épuise pas tant une pauvre cervelle que tous les compliments et tous les riens dont celle-là est remplie.

M. de Marsillac a paru un peu sensible à la prospérité de la belle Fontanges ; il n'avait donné jusque-là aucun signe de vie. Madame de Coulanges vient d'arriver de la cour ; j'ai été chez elle exprès avant que de vous écrire : elle est charmée de madame la dauphine ; elle a grand sujet de l'être : cette princesse lui a fait des caresses infinies ; elle la connaissait déja par ses lettres et par le bien que madame de Maintenon lui en avait dit. Madame de Coulanges a été dans un cabinet où madame la dauphine se retire l'après-dînée avec ses dames ; elle y a causé très délicieusement ; on ne peut avoir plus d'esprit et d'intelligence qu'en a cette princesse ; elle se fait adorer de toute la cour : voilà une personne à qui on peut plaire, et avec qui le mérite peut faire un grand effet.

LETTRE CLIII.

A LA MÊME.

A Paris, vendredi 12 avril 1680.

Vous me parlez de madame la Dauphine; le chevalier doit vous instruire bien mieux que moi. Il me paraît qu'elle ne s'est point condamnée à être cousue avec la reine: elles ont été à Versailles ensemble; mais les autres jours elles se promènent séparément. Le roi va souvent l'après-dînée chez la dauphine, et, il n'y trouve point de presse. Elle tient son cercle depuis huit heures du soir jusqu'à neuf et demie: tout le reste est particulier, elle est dans ses cabinets avec ses dames: la princesse de Conti y est presque toujours; comme elle est encore enfant, elle a grand besoin de cet exemple pour se former. Madame la dauphine est une merveille d'esprit, de raison et de bonne éducation; elle parle fort souvent de sa mère avec beaucoup de tendresse, et dit qu'elle lui doit tout son bonheur par le soin qu'elle a eu de la bien élever: elle apprend à chanter, à danser, elle lit, elle travaille; c'est une personne enfin. Il est vrai que j'ai eu la curiosité de la voir; j'y fus donc avec madame de Chaulnes et madame de Carman : elle était à sa toilette, elle parlait italien avec M. de Nevers. On nous présenta, elle nous fit un air honnête; et l'on voit bien que si on trouvait une occasion de dire un mot à propos, elle entrerait fort aisément en conversation : elle aime l'italien, les vers, les livres nouveaux, la musique, la danse : vous voyez bien qu'on ne serait pas long-temps muette avec tant de choses dont il est aisé de parler, mais il faudrait du temps : elle s'en allait à la messe, et même madame de Maintenon et madame de Richelieu n'étaient pas dans sa chambre. La cour, ma chère enfant, est un pays qui n'est point pour moi; je ne suis point d'un âge à vouloir m'y établir, ni à souhaiter d'y être soufferte; si j'étais jeune, j'aimerais à plaire à cette princesse : mais, bon Dieu! de quel droit voudrais-je y retourner jamais? Voilà mes projets à cet égard. Ceux de mon fils me paraissent tout rassis et tout pleins de raison; il gardera sa charge paisiblement, et fera de nécessité vertu : la presse n'est pas grande à soupirer pour elle, quoiqu'elle soit si propre à faire soupirer : c'est qu'en vérité l'argent est fort rare, et qu'il voit bien qu'il ne faut pas faire un sot marché; ainsi, mon enfant, nous attendrons ce que la Providence a ordonné. Vraiment, elle voulut hier que M. d'Autun fît aux Carmélites l'oraison funèbre de madame de Longueville (1), avec toute la capacité, toute la grace et toute l'habileté dont un homme puisse être capable. Ce n'était point *Tartufe* (2), ce n'était point un patelin, c'était un prélat de conséquence, prêchant avec dignité, et parcourant toute la vie de cette princesse avec une adresse incroyable, passant tous les endroits délicats, disant et ne disant pas tout ce qu'il fallait dire ou taire. Son texte était: *Fallax pulchritudo, mulier timens Deum laudabitur.* Il fit deux points également beaux: il parla de sa beauté, et de toutes ces guerres pas-

(1) Anne-Geneviève de Bourbon, fils de Henri de Bourbon, second du nom, prince de Condé, morte le 15 avril 1679.

(2) On croyait, en ce temps-là, que l'évêque d'Autun (*Gabriel de Roquette*) était l'original que Molière avait eu en vue dans *le Tartufe.*

Il faut ajouter que c'est sur lui que Boileau fit ce quatrain :

<blockquote>
On dit que l'abbé Roquette
Prêche les sermons d'autrui ;
Moi qui sais qu'il les achète,
Je soutiens qu'ils sont à lui
</blockquote>

sées d'une manière inimitable : et pour la seconde partie, vous jugez bien qu'une pénitence de vingt-sept ans est un beau champ pour conduire une si belle ame jusque dans le ciel. Le roi y fut loué fort naturellement ; et M. le prince encore fut contraint d'avaler des louanges, mais aussi bien apprêtées, quoique dans un autre goût, que celles de Voiture. Il était là ce héros, et M. le duc, et les princes de Conti, et toute la famille, et beaucoup de monde ; mais pas encore assez ; car il me semble qu'on devait rendre ce respect à M. le prince sur une mort dont il avait encore les larmes aux yeux. Vous me demanderez pourquoi j'y étais? c'est que madame de Guénégaud par hasard, l'autre jour chez M. de Chaulnes, me promit de m'y mener avec une commodité qui me tenta : je ne m'en repens point ; il y avait beaucoup de femmes qui n'y avaient pas plus à faire que moi. M. le prince et M. le duc faisaient beaucoup d'honnêtetés à tous ceux et celles qui composaient cette assemblée.

Je vis madame de La Fayette au sortir de cette cérémonie ; je la trouvai toute en larmes ; il était tombé sous sa main de l'écriture de M. de la Rochefoucauld, dont elle fut surprise et affligée. Je venais de quitter mesdemoiselles de la Rochefoucauld aux Carmélites, où elles avaient aussi pleuré leur père : l'aînée surtout a figuré avec M. de Marsillac. C'était donc à l'oraison funèbre de madame de Longueville qu'elles pleuraient M. de la Rochefoucauld : ils sont morts dans la même année : il y avait bien à rêver sur ces deux noms. Je ne crois pas, en vérité, que madame de La Fayette se console; je lui suis moins bonne qu'une autre; car nous ne pouvons nous empêcher de parler de ce pauvre homme, et cela la tue; tous ceux qui lui étaient bons avec lui, perdent leur prix auprès d'elle. Elle a lu votre petite lettre; elle vous remercie tendrement de la manière dont vous comprenez sa douleur.

Vous ai-je dit comme madame de Coulanges fut bien reçue à Saint-Germain? Madame la dauphine lui dit qu'elle la connaissait déjà par ses lettres; que ses dames lui avaient parlé de son esprit; qu'elle avait fort envie d'en juger par elle-même. Madame de Coulanges soutint très bien sa réputation; elle brilla dans toutes ses réponses; les épigrammes étaient redoublées, et la dauphine entend tout. Elle fut introduite l'après-dînée dans les cabinets avec ses trois amies :

toutes les dames de la cour étaient enragées contre elle. Vous comprenez bien que par ces amies, elle se trouve naturellement dans la privauté : mais où cela peut-il la mener? et quels dégoûts quand on ne peut être des promenades, ni manger (*avec les princesses*)! Cela gâte tout le reste : elle sent vivement cette humiliation ; elle a été quatre jours à jouir de ces plaisirs et de ces déplaisirs. Vous avez raison de plaindre M. de Pompone quand il va dans ce pays-là, et même madame de Vins, qui n'y a plus de contenance : elle est toute replongée dans sa famille, et accablée de ses procès. Elle vint l'autre jour dîner joliment avec moi; elle paraît fort touchée de votre amitié : vous ne sauriez nous ôter l'espérance ni l'envie de vous recevoir, chacun selon nos degrés de chaleur. Vous êtes à Grignan, ma chère bonne, vous être trop près de moi; il faut que je m'éloigne.

LETTRE CLIV.

A LA MÊME.

A Paris, mercredi 1ᵉʳ mai 1680.

Je ne sais quel temps vous avez en Provence, mais celui qu'il a fait ici depuis trois semaines est si épouvantable, que plusieurs voyages en ont été dérangés; le mien est du nombre. Le bon abbé a pensé périr en allant et revenant de la Trousse; c'est M. de la Trousse qui le dit, vous ne m'en croiriez pas. Ils avaient un architecte avec eux, et allaient donner leurs ordres à des ajustements, et même des dérangements si considérables, que ce château que nous trouvions déja si beau, ne sera pas reconnaissable. Voilà un commencement de lune qui pourra nous ramener du beau temps, et me faire partir: je ne sais point encore le jour; je ne puis vous dire la douleur que me donne ce second adieu: il me semble que je suis folle de m'éloigner encore de vous, et de mettre une distance de cent lieues par-dessus celle qui y est déja. Je hais bien les affaires; je trouve qu'elles nous gourmandent beaucoup, et nous font aller et venir, et tourner à leur fantaisie. Je serai si affligée en partant, qu'il ne tiendra qu'à ceux qui me verront monter en carrosse de croire que je les regrette beaucoup ; il me sera impossible de retenir mes larmes ; cependant il faut s'en aller pour revenir.

Mademoiselle de Méri est dans votre petite chambre ; le bruit de cette porte qui s'ouvre et qui se ferme, et la circonstance de ne vous y point trouver, m'ont fait un mal que je ne puis vous dire. Tous mes gens font de leur mieux auprès d'elle ; et si je voulais me vanter, je vous montrerais bien un billet qu'elle m'écrivit l'autre jour, tout plein de remercîments des secours que je lui donne ; mais je suis modeste, je me contenterai de le mettre dans mes archives. J'ai vu madame de Vins ; elle est abîmée dans ses procès ; nous causâmes pourtant beaucoup, nous admirâmes cet étrange mélange des biens et des maux, et l'impossibilité d'être tout-à-fait heureuse. Vous savez tout ce que la fortune a soufflé sur la duchesse de Fontanges ; elle est encore à Maubuisson dans son lit avec la fièvre ; elle commence même à enfler ; son beau visage est un peu bouffi. Le prieur de Cabrières ne la quitte pas; s'il fait cette cure, il ne sera pas mal à la cour. Voyez si l'état où elle se trouve n'est pas précisément contraire au bonheur d'une telle beauté. Voilà de quoi méditer; mais en voici un autre sujet.

Madame de Dreux (1) sortit hier de prison ; elle fut *admonétée*, qui est une très légère peine, avec cinq cents livres d'aumône. Cette pauvre femme a été un an dans une chambre, où le jour ne venait que d'un très petit trou d'en-haut, sans nouvelles, sans consolation. Sa mère, qui l'aimait très passionnément, qui était encore assez jeune et bien faite, et qu'elle aimait aussi, mourut, il y a deux mois, de la douleur de voir sa fille en cet état ; madame de Dreux, à qui on ne l'avait point dit, fut reçue hier à bras ouverts de son mari et de toute sa famille, qui l'allèrent prendre à cette chambre de l'Arsenal. La première parole qu'elle dit, ce fut : Et où est ma mère ? et d'où vient qu'elle n'est pas ici ? M. de Dreux lui dit qu'elle l'attendait chez elle. Elle ne put sentir la joie de sa liberté, et demandait toujours ce qu'avait sa mère, et qu'il fallait qu'elle fût bien malade, puis-

(1) Impliquée dans l'affaire des poisons.

qu'elle ne venait point l'embrasser. Elle arriva chez elle : Quoi ! je ne vois point ma mère ? Quoi ! je ne l'entends point ? Elle monte avec précipitation ; on ne savait que lui dire : tout le monde pleurait : elle courait dans sa chambre, elle l'appelait ; enfin, un père célestin, son confesseur, parut, et lui dit qu'elle ne la trouverait point ; qu'elle ne la verrait que dans le ciel, qu'il fallait se résoudre à la volonté de Dieu. Cette pauvre femme s'évanouit, et ne revint que pour faire des plaintes et des cris qui faisaient fendre le cœur, disant que c'était elle qui l'avait tuée ; qu'elle voudrait être morte en prison ; qu'elle ne pouvait rien sentir que la perte d'une si bonne mère. Le petit Coulanges était présent à ce spectacle ; il avait couru chez M. de Dreux, comme beaucoup d'autres, et il nous conta tout ceci, hier au soir, si naturellement et si touché lui-même, que madame de Coulanges en eut les yeux rouges, et moi j'en pleurai sans pouvoir m'en empêcher. Que dites-vous de cette amertume, qui vient troubler sa joie et son triomphe, et les embrassements de toute sa famille et de tous ses amis ? Elle est encore aujourd'hui dans des pleurs que M. de Richelieu ne peut essuyer ; il a fait de merveilles dans toute cette affaire. Je me suis jetée insensiblement dans ce détail que vous comprendrez mieux qu'une autre, et dont tout le monde est touché. On croit que M. de Luxembourg sera tout aussi bien traité que madame de Dreux; car même il y avait des juges qui étaient d'avis de la renvoyer sans être *admonétée*; et c'est une chose terrible que le scandale qu'on a fait, sans pouvoir convaincre les accusés : cela marque aussi l'intégrité des juges.

Le discours de votre prédicateur nous a paru admirable. Le Bourdaloue prêcha comme un ange du ciel, l'année passée et celle-ci, car c'est le même sermon. Ce que vous m'avez mandé de ce monde, qui paraîtrait un autre monde, si l'on voyait le dessous des cartes de toutes les maisons, est quelque chose de bien plaisant et de bien véritable. Eh, bon Dieu! que savons-nous si le cœur de cette princesse dont nous disons tant de bien, est parfaitement content? elle a paru triste trois ou quatre jours; que sait-on? elle voudrait être grosse, elle ne l'est pas encore ; elle voudrait peut-être voir Paris et Saint-Cloud ; elle n'y a point encore été : elle est complaisante, et ne songe qu'à plaire; que sait-on si cela ne lui coûte rien? que sait-on si elle aime également les dames qui ont l'honneur d'être auprès d'elle? que sait-on enfin, si une vie si retirée ne l'ennuie point? Je reçois dans ce moment votre aimable et triste lettre du 24; vraiment, ma très chère, elle me touche sensiblement.

Je ne suis point encore partie, c'est le mauvais temps qui m'a arrêtée; c'eût été une folie de s'exposer, tout était déchaîné. Je vous écrirai encore vendredi de Paris, et vous parlerai du petit bâtiment; j'y donne mon avis la première, et je ne suis pas si sotte que vous pensez, quand il est question de vous. Il y a des histoires qui nous content de plus grands miracles; il y a des amitiés qui ne cèdent guère à *l'autre;* ainsi je deviens architecte. Je vous admire surtout de ce que vous dites de la dévotion : eh, mon Dieu ! il est vrai que nous sommes des *Tantales*, nous avons l'eau tout auprès de nos lèvres, nous ne saurions boire. Un cœur de glace, un esprit éclairé, c'est cela même. Je n'ai que faire de savoir la querelle *des Jansénistes* et *des Molinistes;* pour décider il me suffit de ce que je sens en moi; le moyen d'en douter dès le moment que l'on s'observe un peu? Je parlerais long-temps là-dessus, et j'en eusse été ravie quand nous étions ensemble : mais vous coupiez court, et je reprenais tout aussitôt le silence; Corbinelli en avait l'endosse, car j'aime ces vérités. Il vient d'entendre par hasard un sermon de l'abbé Fléchier (1), à la vêture d'une capucine, dont il est charmé. C'était sur la liberté des enfants de Dieu, que le prédicateur a expliquée hardiment. « Il a fait voir qu'il n'y avait que cette fille de « libre, puisqu'elle avait une participation de la « liberté de J. C. et des saints ; qu'elle était dé- « livrée de l'esclavage de nos passions ; que c'é- « tait elle qui était libre, et non pas nous; qu'elle « n'avait qu'un maître, que nous en avions cent; « et que bien loin de la plaindre, comme nous « faisions, avec une grossièreté condamnable, il « fallait la regarder, la respecter, l'envier, comme « une personne choisie de toute éternité pour « être du nombre des élus. » J'en supprime les trois quarts : mais enfin, c'était une pièce achevée. On n'imprime point l'oraison funèbre de madame de Longueville.

Vous me demandez pourquoi je ne mène point Corbinelli. Il s'en va en Languedoc, il est comblé des biens et des manières obligeantes de

---

(1) Esprit Fléchier, nommé à l'évêché de Lavaur en 1685, et transféré à celui de Nîmes en 1687.

M. de Vardes, qui accompagne les douze cents francs (*de pension*) d'une si admirable sauce; je veux dire, de tant de paroles choisies, et de sentiments si tendres et si généreux, que la philosophie de notre ami n'y résiste pas. Vardes est tout extrême; et comme je suis persuadée qu'il le haïssait, parce qu'il le traitait mal, il l'aime présentement, parce qu'il le traite bien: c'est le proverbe italien (1) et son contraire. Je m'en vais donc avec le bon abbé et des livres, et votre idée dont je recevrai tous mes biens et tous mes maux. Je vous promets qu'elle m'empêchera de demeurer le soir au serein; je me représenterai que cela vous déplaît: ce ne sera pas la première fois que vous m'aurez fait rentrer au logis de cette sorte. Je vous promets de vous consulter et de vous obéir toujours, faites-en de même pour moi, et ne vous chargez d'aucune inquiétude; reposez-vous de ma conservation sur ma poltronnerie; je n'ai pas en vous les mêmes sujets de confiance, j'ai bien des choses à vous reprocher; et, sans aller jusqu'à Monaco, n'ai-je pas les bords du Rhône, où vous forcez tous les braves gens de votre famille à vous accompagner

---

(1) *Chi offende non perdona.*

malgré eux? malgré eux, vous dis-je; et souvenez-vous, au contraire, que je mourrais de peur à pied en passant *les vaux* d'Olioules (1): voilà ce qui doit justifier mes craintes et fonder votre tranquillité. Faites donc en sorte que mon souvenir vous gouverne, comme le vôtre me gouvernera; je ne vous dis point les peines que me causera cet éloignement; j'y donnerai les meilleurs ordres que je pourrai, et j'éclaircirai, autant qu'il me sera possible, l'entre chien et loup de nos bois : je commence par la Loire et par Nantes, qui n'ont rien de triste. Je crois que mon fils viendra me conduire jusqu'à Orléans. Je suis persuadée des complaisances de M. de Grignan; il a des endroits d'une noblesse, d'une politesse, et même d'une tendresse extrême; je vois en lui d'autres choses dont les contre-coups sont difficiles à concevoir; et comme tout est à facettes, il a aussi des endroits inimitables pour la douceur et l'agrément de la société; on l'aime, on le gronde, on l'estime, on le blâme, on l'em-

(1) Les *vaux* d'Olioules, qu'on appelle en langage du pays *leis Baous d'Olioules,* ne sont autre chose qu'un chemin étroit, d'environ une lieue, à côté d'une petite rivière qui passe entre deux montagnes très-escarpées en Provence.

brasse, on le bat. Adieu, ma très chère, je vous quitte enfin. Il me semble que vous vous moquez de moi, quand vous craignez que je n'écrive trop; ma poitrine est à peu près délicate comme celle de *Georget* (1); excusez la comparaison, il sort d'ici : mais vous, ma très belle, je vous conjure de ne point m'écrire. Montgobert, prenez la plume, et ne m'abandonnez pas.

(1) Fameux cordonnier pour femmes.

LETTRE CLV.

A LA MÊME.

A Blois, jeudi 9 mai 1680.

Je veux vous écrire tous les soirs, ma chère enfant, rien ne peut me contenter que cet amusement; je *tourne*, je marche, je veux reprendre mon livre; j'ai beau *tourner une affaire* (1), je m'ennuie, et c'est mon écritoire qu'il me faut. Il faut que je vous parle, et qu'encore que ma lettre ne parte ni aujourd'hui, ni demain, ja vous rende compte tous les soirs de ma journée. Mon fils est parti cette nuit d'Orléans par la diligence qui part tous les jours à trois heures du matin, et arrive le soir à Paris; cela fait un peu de chagrin à la poste : voilà les nouvelles de la route, en attendant celles de Danemarck. Nous sommes montés dans le bateau à six heures par le plus beau temps du monde; j'y ai fait placer le

(1) Expression que M. de la Garde employait à tout propos.

corps de mon grand carrosse d'une manière que le soleil n'a point entrée dedans : nous avons baissé les glaces : l'ouverture du devant fait un tableau merveilleux : les portières et les petits côtés nous donnent tous les points de vue qu'on peut imaginer. Nous ne sommes que l'abbé et moi dans ce joli cabinet, sur de bons coussins, bien à l'air, bien à notre aise; tout le reste, comme des cochons sur la paille. Nous avons mangé du potage et du bouilli tout chaud : on a un petit fourneau, on mange sur un ais dans le carrosse, comme le roi et la reine : voyez, je vous prie, comme tout s'est raffiné sur notre Loire, et comme nous étions grossiers autrefois que *le cœur était à gauche* : en vérité, le mien, ou à droite, ou à gauche, est tout plein de vous. Si vous me demandez ce que je fais dans ce carrosse charmant, où je n'ai point de peur, j'y pense à ma chère fille, je m'entretiens de la tendre amitié que j'ai pour elle, de celle qu'elle a pour moi, des pays infinis qui nous séparent, de la sensibilité que j'ai pour tous ses intérêts, de l'envie que j'ai de la revoir, de l'embrasser; je pense à ses affaires, je pense aux miennes; tout cela forme un peu *l'humeur de ma fille*, malgré l'*humeur de ma mère* (1) qui brille tout autour de moi. Je regarde, j'admire cette belle vue qui fait l'occupation des peintres. Je suis touchée de la bonté du bon abbé, qui, à soixante-treize ans, s'embarque encore sur la terre et sur l'onde pour mes affaires. Après cela je prends un livre que le pauvre M. de la Rochefoucauld me fit acheter, c'est *la Réunion du Portugal*, qui est une traduction de l'italien : l'histoire et le style sont également estimables. On y voit le roi de Portugal (*Sébastien*), jeune et brave prince, se précipiter rapidement à sa mauvaise destinée ; il périt dans une guerre en Afrique contre le fils d'Abdalla : c'est assurément une histoire des plus amusantes qu'on puisse lire. Je pense à la Providence, à ses ordres, à ses conduites, à ce que je vous ai entendu dire, que nos volontés sont les exécutrices de ses décrets éternels. Je voudrais bien causer avec quelqu'un; je viens d'un lieu où l'on est assez accoutumé à discourir : nous parlons, l'abbé et moi, mais ce n'est pas d'une manière qui puisse nous di-

---

(1) Expressions par lesquelles la mère et la fille désignaient entre elles certaines promenades et certains points de vue, soit à Livry, soit aux Rochers.

vertir : nous passons tous les ponts avec un plaisir qui nous les fait souhaiter : il n'y a pas beaucoup d'*ex voto* pour les naufrages de la Loire, non plus que pour la Durance : il y aurait plus de raison de craindre cette dernière, qui est folle, que notre Loire, qui est sage et majestueuse. Enfin, nous sommes arrivés ici de bonne heure; chacun *tourne*, chacun se rase, et moi j'écris romanesquement sur le bord de la rivière où est notre hôtellerie; *c'est la Galère*, vous y avez été.

J'ai entendu mille rossignols, j'ai pensé à ceux que vous entendez sur votre balcon. Je n'ose vous dire la tristesse que l'idée de votre délicate santé a jetée sur toutes mes pensées; vous le comprenez bien, et à quel point je souhaite quelle se rétablisse. Adieu, ma très chère, jusqu'à demain à Tours.

A Tours, vendredi 10 mai.

Toujours, ma fille, avec la même prospérité. Je n'ai jamais rien vu de pareil à la beauté de cette route. Mais comprenez-vous bien comme notre carrosse est mis de travers? Nous ne sommes jamais incommodés du soleil, il est sur notre tête, le levant est à gauche, le couchant à la droite, c'est la *cabane* (1) qui nous en défend. Nous parcourons toute cette belle côte, et nous voyons deux mille objets différents qui passent incessamment devant nos yeux comme autant de paysages nouveaux dont M. de Grignan serait charmé : je lui en souhaiterais un seulement à l'endroit que je dirais.

On attendait le lendemain de mon départ, la belle Fontanges à la cour : c'est au chevalier à faire son devoir ; je ne suis plus bonne à rien du tout : si vous ne m'aimiez, il faudrait brûler mes misérables lettres, avant que de les ouvrir.

---

(1) C'est ainsi qu'on nomme les bateaux qui descendent la Loire.

LETTRE CLVI.

A LA MÊME.

A Nantes, lundi au soir 27 mai 1680.

Je vous écris ce soir, parce que, Dieu merci, je m'en vais demain dès le grand matin, et même je n'attendrai pas vos lettres pour vous y faire réponse : je laisse un homme à cheval pour me les apporter à la dînée, et je laisse ici cette lettre qui partira ce soir, afin qu'autant que je le puis, il n'y ait rien de déréglé dans notre commerce. J'écris aujourd'hui comme Arlequin, qui répond avant que d'avoir reçu la lettre.

Je fus hier au Buron, j'en revins le soir, je pensai pleurer en voyant la dégradation de cette terre : il y avait les plus vieux bois du monde ; mon fils, dans son dernier voyage, y a fait donner les derniers coups de coignée. Il a encore voulu vendre un petit bouquet qui faisait une assez grande beauté, tout cela est pitoyable : il en a rapporté quatre cents pistoles, dont il n'eut pas un sou un mois après. Il est impossible de comprendre ce qu'il fait, ni ce que son voyage de Bretagne lui a coûté, quoiqu'il eût renvoyé ses laquais et son cocher à Paris, et qu'il n'eût que le seul *Larmechin* dans cette ville où il fut deux mois. Il trouve l'invention de dépenser sans paraître, de perdre sans jouer, et de payer sans s'acquitter; toujours une soif et un besoin d'argent, en paix comme en guerre, c'est un abîme de je ne sais pas quoi, car il n'a aucune fantaisie, mais sa main est un creuset où l'argent se fond. Ma fille, il faut que vous essuyiez tout ceci. Toutes ces dryades affligées que je vis hier, tous ces vieux Sylvains qui ne savent plus où se retirer, tous ces anciens corbeaux établis depuis deux cents ans dans l'horreur de ces bois, ces chouettes qui, dans cette obscurité, annonçaient, par leurs funestes cris, le malheur de tous les hommes; tout cela me fit hier des plaintes qui me touchèrent sensiblement le cœur; et que sait-on même si plusieurs de ces vieux chênes n'ont point parlé, comme celui où était Clorinde (1)? Ce lieu était *un luogo d'incanto*, s'il en fut jamais : j'en revins donc toute triste ; le souper que me donna le premier président ne

---

(1) *Voyez* le chant treizième de la *Jérusalem délivrée*, du Tasse.

fut point capable de me réjouir. Il faut que je vous conte ce que c'est que ce premier président; vous croyez que c'est une barbe sale et un vieux fleuve comme votre R...; point du tout, c'est un jeune homme de vingt-sept ans, neveu de M. d'Harouïs; un petit de la Brunelaie, fort joli, qui a été élevé avec le petit de la Seilleraie (1), que j'ai vu mille fois, sans jamais imaginer que ce pût être un magistrat; cependant il l'est devenu par son crédit; et moyennant quarante mille francs, il a acheté toute l'expérience nécessaire pour être à la tête d'une compagnie supérieure, qui est la chambre des comptes de Nantes: il a de plus épousé une fille que je connais fort, que j'ai vue pendant cinq semaines tous les jours aux états de Vitré; de sorte que le mari et la femme sont pour moi un jeune petit garçon que je ne puis respecter, et une jeune petite demoiselle que je ne puis honorer. Ils sont revenus pour moi de la campagne où ils étaient; ils ne me quittent point. D'un autre côté, M. de N...... vint me voir samedi en arrivant de Brest: cette civilité m'obligea d'aller le lendemain chez sa femme; elle me rendit ma visite dès le soir; et aujourd'hui ils

---

(1) Fils de M. d'Harouïs.

m'ont donné un si magnifique repas en maigre, à cause des Rogations, que le moindre poisson paraissait *la signora balena*. J'ai été de là dire adieu à mes pauvres sœurs (*de Sainte Marie*) que je laisse avec un très bon livre. J'ai pris congé de la belle prairie: mon Agnès pleure quasi mon départ; et moi, ma très belle, je ne le pleure point : je suis ravie de m'en aller dans mes bois; j'espère au moins en trouver aux Rochers, qui ne sont point abattus. Voilà toutes les inutilités que je puis vous mander aujourd'hui.

LETTRE CLVII.

A LA MÊME.

Aux Rochers, vendredi 31 mai 1680.

Quoique cette lettre ne parte que dimanche, je veux la commencer aujourd'hui, afin de dater encore du mois de mai : je crains que celui de juin ne me paraisse encore aussi long ; je suis assurée, au moins, de ne pas voir de si beaux pays. Il y a un mois qu'il pleut tous les jours ; ce sont vos prières qui nous ont attiré cet excès. Que ne laissez-vous un peu faire à la Providence? tantôt de la pluie, tantôt de la sécheresse, vous n'êtes jamais contents. J'en demande pardon à Dieu ; mais cela fait souvenir de Jupiter dans Lucien, qui est si fatigué des demandes importunes des mortels, qu'il envoie Mercure pour donner ordre à tout, et pour faire tomber en Égypte dix mille muids de grêle, afin de ne plus en entendre parler. Je ne vous obligerai plus de répondre sur cette divine Providence que j'adore, et que je crois qui fait et ordonne tout : je suis assurée que vous n'oseriez traiter cette opinion de mystère inconcevable, avec les disciples de votre père Descartes ; ce qui serait vraiment inconcevable, ce serait que Dieu eût fait le monde sans régier tout ce qui s'y fait : les gens qui font de si belles restrictions et contradictions dans leurs livres, en parlent bien mieux et plus dignement, quand ils ne sont pas contraints ni étranglés par la politique. Ces *coupeurs de bourse* sont bien aimables dans la conversation ; je ne vous les nommais point, parce qu'il me semblait que vous deviniez le principal : les autres, c'est l'abbé du Pile et M. du Bois, que vous connaissez et qui a bien de l'esprit ; le pauvre Nicole est dans les Ardennes, et M. Arnauld sous terre, comme une taupe. Mais voyez, ma très chère, quelle folie, et où me voilà ! ce n'est point de tout cela que je veux vous parler, j'admire comme je m'égare.

Je veux vous conter comme je reçus votre lettre à la dînée, le jour que je partis pour Nantes ; et que n'ayant que cette manière de vous entendre à mille lieues de moi, je me fais de cette lecture une sorte d'occupation que je préfère à tout. Nous avons trouvé les chemins fort accommodés de Nantes à Rennes, par l'ordre de M. de Chaulnes : mais les pluies ont fait comme si deux hivers étaient venus l'un sur l'autre. Nous avons toujours été dans les bourbiers et dans les abimes d'eau : nous n'avions osé traverser par Château-Briant, parce qu'on n'en sort point. Nous arrivâmes à Rennes la veille de l'Ascension; cette bonne Marbeuf voulait m'avaler, et me loger, et me retenir; je ne voulus ni souper ni coucher chez elle : le lendemain, elle me donna un grand déjeûner-dîner, où le gouverneur, et tout ce qui était dans cette ville, vint me voir. Nous partimes à dix heures, et tout le monde me disant que j'avais trop de temps, que les chemins étaient comme dans cette chambre, car c'est toujours la comparaison; ils étaient si bien comme dans cette chambre, que nous n'arrivâmes ici qu'après minuit, toujours dans l'eau; et de Vitré ici, où j'ai été mille fois, nous ne les reconnaissions pas; tous les pavés sont devenus impraticables, les bourbiers sont enfoncés, les hauts et bas plus haut et bas qu'ils n'étaient; enfin, voyant que nous ne voyions plus rien, et qu'il fallait tâter le chemin, nous envoyons demander du secours à Pilois; il vient avec une douzaine de *gars*; les uns nous tenaient, les autres nous éclairaient avec plusieurs bouchons de paille, et tous parlaient si extrêmement breton, que nous pâmions de rire. Enfin, avec cette illumination, nous arrivâmes ici, nos chevaux rebutés, nos gens tout trempés, mon carrosse rompu, et nous assez fatigués; nous mangeâmes peu, nous avons beaucoup dormi; et ce matin nous nous sommes trouvés aux Rochers, mais encore tout gauches et mal rangés. J'avais envoyé un laquais, afin de ne pas retrouver ma poussière depuis quatre ans; nous sommes au moins proprement.

Nous avons été régalés de bien des gens de Vitré, des Récollets, mademoiselle du Plessis en larmes de sa pauvre mère; et je n'ai senti de joie que lorsque tout s'en est allé à six heures, et que je suis demeurée un peu de temps dans ce bois avec mon ami Pilois. C'est une très belle chose que ces allées. Il y en a plus de dix que vous ne connaissez point. Ne craignez pas que je m'expose au serein; je sais trop combien vous en seriez fâchée. Vous me dites toujours que vous vous portez bien, Montgobert le dit aussi; cependant je trouve que la pensée de vous plonger deux fois le jour dans l'eau du Rhône ne peut venir que d'une personne bien échauffée; je vous conseille, au moins, ma chère enfant, de consulter un auteur fort grave, pour établir l'*opinion probable* que le bain soit bon à la poitrine. Je fus témoin du mal visible que vous firent les demi-bains ; c'était pourtant de l'avis de Fagon. Vous avez eu besoin d'avoir de la force pour soutenir l'excès de monde que vous avez eu : vingt personnes d'extraordinaire à table font mal à l'imagination. Voilà ce que Corbinelli appelait des trains qui arrivaient ; il se trouvait pressé dans la galerie, et ne saluait ni ne reconnaissait personne : en vérité, votre hôtellerie est toute des plus fréquentées ; c'est un beau débris que celui qui se fait dans ces occasions. Vous souvient-il, ma fille, quand nous avions ici tous ces Fouesnels, et que nous attendions avec tant d'impatience l'heureux et précieux moment de leur départ ; quel adieu gai nous leur faisions intérieurement ; quelle crainte qu'ils ne cédassent aux fausses prières que nous leur faisions de demeurer ; quelle douceur et quelle joie quand nous en étions délivrés ; et comme nous trouvions qu'une mauvaise compagnie était bien meilleure qu'une bonne, qui vous laisse affligée quand elle part ; au lieu que l'autre vous rafraîchit le sang, et vous fait respirer d'aise ? vous avez senti ce délicieux état. Je vous gronderais de m'avoir écrit une si grande lettre de votre écriture, sans que j'ai compris que cela vous était encore moins mauvais que de soutenir

la conversation. Celle de M. de Louvois (1) avec
M. de Vardes a fait du bruit : on me la mande de
Paris, et qu'il quitta les Grignan et les Montanègre pour cet exilé. On croit qu'il y a quelque
ambassade en campagne, dont ses enfants sont
fort effrayés par la crainte de la dépense. Je vois
pourtant que M. de Grignan a été fort bien traité
de ce ministre; ce voyage ne pouvait pas s'éviter : il a encore plus coûté à Montanègre (2). Je
trouve bien honnête et bien noble de ne point
avoir paru fâché de son dîné perdu; je ne sais
comment on peut donner de ces sortes de mor-
tifications à des gens qui jettent de l'argent, et
qui se mettent en pièces pour vous faire honneur.

Madame de Coulanges me mande que madame
de Maintenon a perdu une canne contre M. le
dauphin; c'est madame de Coulanges qui l'a fait
faire : la pomme est une grenade d'or et de ru-
bis; la couronne s'ouvre, on voit le portrait de
madame la dauphine; et au-dessous, *il più grato*

(1) M. de Louvois avait passé en Provence, allant né-
gocier et signer le traité par lequel le duc de Mantoue
céda Casal à la France.

(2) M. de Montanègre commandait en Languedoc
comme M. de Grignan en Provence.

nasconde. Clément avait fait autrefois cette devise pour vous; ce qui paraissait une exagération à votre égard, est une vérité toute faite pour cette princesse. Cette belle Fontanges est toujours assez mal. Mon fils dit qu'on se divertit fort à Fontainebleau. Les comédies (1) de Corneille charment toute la cour. Je mande à mon fils que c'est un grand plaisir d'être obligé d'y être, et d'y avoir un maître, une place, une contenance; que pour moi, si j'en avais une, j'aurais fort aimé ce pays-là; que ce n'était que par ne point en avoir que je m'en étais éloignée; que cette espèce de mépris était un chagrin, et que *je me vengeais à en médire*, comme Montaigne de la jeunesse; que j'admirais qu'il aimât mieux passer son après-dinée, comme je fais, entre mademoiselle du Plessis et mademoiselle de Launaie, qu'au milieu de tout ce qu'il y a de beau et de bon.

Ce que je dis pour moi, ma belle, vraiment je le dis pour vous; ne croyez pas que si M. de Grignan et vous étiez placés comme vous le méritez, vous ne vous accommodassiez pas fort bien de cette vie : mais la Providence ne veut pas que

---

(1) On appela long-temps du nom générique de comédies toutes les pièces de théâtre gaies ou sérieuses.

vous ayez d'autres grandeurs que celles que vous avez. Pour moi, j'ai vu des moments où il ne s'en fallait rien que la fortune ne me mît dans la plus agréable situation du monde; et puis tout d'un coup, c'étaient des prisons et des exils (1). Trouvez-vous que ma fortune ait été fort heureuse? je ne laisse pas d'en être contente; et si j'ai des moments de murmure, ce n'est point par rapport à moi. Vous me peignez fort agréablement la conduite des regards de madame D....; c'est une économie envers ses amants, qui serait digne d'Armide. Vous vous doutiez bien que M. Rouillé (2) ne retournerait pas : j'en suis fâchée, et le serais encore plus si je ne croyais vos séjours de Provence finis. Ainsi vous aurez peu d'affaires avec lui; s'il y avait quelque chose à démêler dans l'assemblée, M. le coadjuteur vous en rendrait bon compte, en l'absence de M. de Grignan.

(1) Madame de Sévigné entend parler sans doute de l'exil de M. de Bussy, chef de sa maison, et de la prison de M. de Fouquet, son intime ami.

Ajoutez l'exil des Arnauld, et plus anciennement la prison et les traverses du cardinal de Retz, son parent et son ami.

(2) Intendant de Provence.

LETTRE CLVIII.

A LA MÊME.

Aux Rochers, mercredi 5 juin 1680.

Enfin, j'ai le plaisir, dans notre extrême éloignement, de recevoir vos lettres le neuvième jour, en attendant d'autres consolations. J'admire souvent l'honnêteté de ces messieurs dont parlent si plaisamment *les Essais de morale*, et qui sont si bons et si obligeants : que ne font-ils point pour notre service? à quels usages ne se rabaissent-ils pas pour nous être utiles? Les uns courent deux cents lieues pour porter nos lettres, les autres grimpent sur les toits de nos maisons, pour empêcher que nous ne soyons incommodés de la pluie; quelques-uns font bien pis. Enfin, c'est un effet de la Providence; et la cupidité, qui est un mal, est le fonds d'où elle tire tant de biens. J'ai apporté ici quantité de livres choisis, je les ai rangés ce matin : on ne met pas la main sur un, tel qu'il soit, qu'on n'ait envie de le lire tout entier; toute une tablette de dévotion, et quelle dévotion! bon Dieu, quel point de vue pour honorer notre religion! l'autre est toute d'histoires admirables; l'autre de morale; l'autre de poésies, et de nouvelles, et de mémoires. Les romans sont méprisés, et ont gagné les petites armoires. Quand j'entre dans ce cabinet, je ne comprends pas pourquoi j'en sors : il serait digne de vous, ma fille : la promenade en serait digne aussi, mais notre compagnie, en vérité, fort indigne. Mon pot est étrange à écumer les dimanches (1); ce qu'il y a de bon, c'est que chacun va souper à six heures, et c'est la belle heure de la promenade, où je cours pour me consoler. Mademoiselle du Plessis, en grand deuil, ne me quitte guère; je dirais bien volontiers de sa mère, comme de ce M. de Bonneuil, elle a laissé *une pauvre fille bien ridicule*; elle est impertinente aussi. Je suis honteuse de l'amitié qu'elle a pour moi; je dis quelquefois, y aurait-il par hasard quelque sympathie entre elle et moi? elle parle toujours, et Dieu me fait la grace d'être pour elle comme vous êtes pour beaucoup d'autres; je ne l'écoute point du tout. Elle est assez brouil-

(1) A cause de la compagnie qui grossissait ces jours-là, et à laquelle madame de Sévigné se croyait obligée de faire les honneurs des Rochers. Elle appelait cela *écumer son pot.*

lée dans sa famille pour les partages, cela fait un nouvel ornement à son esprit : elle confondait tantôt tous les mots; et en parlant des mauvais traitements, elle disait, ils m'ont traitée *comme une barbarie, comme une cruauté.* Vous voulez que je vous parle de mes misères, en voilà peut-être plus qu'il ne vous en faut. Toutes mes lettres sont si grandes, que vous devriez, selon votre règle, m'en écrire de petites, et laisser le soin de tout à Montgobert : la santé est toujours un solide et véritable bien ; on en fait ce qu'on veut.

Madame de Coulanges me mande mille bagatelles, que je vous enverrais si je ne voyais fort bien que c'est une folie. La faveur de *son amie* (*madame de Maintenon*) continue toujours : la reine l'accuse de toute la séparation qui est entre elle et madame la dauphine : le roi la console de cette disgrace ; elle va chez lui tous les jours, et les conversations sont d'une longueur à faire rêver tout le monde. Je ne sais, ma très chère, comment vous pourriez croire que votre présence fût un obstacle à la fortune de vos frères ; vous n'êtes guère propre à porter guignon. Vous n'avez point assez bonne opinion de vous; et pour le coin de votre feu, que vous dites qui empêchait le chevalier de faire sa cour, parce que cela le rendait paresseux, je vous assure qu'il n'a fait que changer de cheminée, et que la fortune l'est venue chercher dans sa chambre, assez incommodé des chicanes de son rhumatisme. L'abbé de Grignan était désolé; il eût jeté sa part aux chiens; et tout d'un coup, par une suite d'arrangements trop longs à vous dire, on le nomme, on le choisit, et le voilà dans le plus agréable évêché qu'on puisse souhaiter. Portez-vous toujours bien, cette provision est bonne, que savons-nous? Je regarde l'avenir comme une obscurité, dont il peut arriver des biens et des clartés, à quoi l'on ne s'attend pas.

M. de Lavardin se marie (1), c'est tout de bon; et on dit que c'est madame de Mouci (2) qui inspire à madame de Lavardin tout ce qu'il y a de plus avantageux pour son fils : c'est une ame tout extraordinaire que cette Mouci. Ce petit Molac épouse la sœur de la duchesse de Fontanges : le roi lui donne la valeur de plus de

(1) Avec Louise-Anne de Noailles, sœur d'Anne-Jules, duc de Noailles, maréchal de France.

(2) Marie de Harlai, sœur d'Achille de Harlai, alors procureur général, et depuis premier président du parlement de Paris.

quatre cent mille francs. Mon Dieu, que vous dites bien sur la mort de M. de la Rochefoucauld, et de tous les autres! *On serre les files, il n'y paraît plus.* Il est pourtant vrai que madame de La Fayette est accablée de tristesse, et n'a point senti, comme elle aurait fait, ce qui est arrivé à son fils ; madame la dauphine n'avait garde de ne la pas bien traiter : madame de Savoie lui en avait écrit comme de sa meilleure amie.

Je suis fort aise que M. de Grignan soit content de ma lettre : j'ai dit mon sentiment avec assez de sincérité ; il devrait bien renvoyer toutes les fantaisies ruineuses qui servent chez lui par quartier ; il ne faudrait pas qu'elles dormissent, comme cette noblesse de Basse-Bretagne ; il serait à souhaiter qu'elles fussent entièrement supprimées. Adieu, ma très aimable, j'admire et j'aime vos lettres ; cependant je n'en veux point ; cela paraît un peu extraordinaire, mais cela est ainsi : coupez court, faites discourir Montgobert : je m'engage à vous ôter le dessein de m'écrire beaucoup, par la longueur dont je fais mes lettres ; vous les trouverez au-dessus de vos forces, c'est ce que je veux : ainsi ma poitrine sauvera la vôtre. Il me semble que vous avez bien des commerces, quoi que vous disiez ; pour moi, je ne fais que répondre, je n'attaque point : mais cela fait quelquefois tant de lettres, que les jours de courrier, quand je trouve le soir mon écritoire, j'ai envie de me cacher sous le lit, comme cette chienne de feue Madame, quand elle voyait les livres.

LETTRE CLIX.

AU COMTE DE BUSSY.

Aux Rochers, ce 28 juillet 1680.

Je vous attendais à la remise ; et en effet, mon cher cousin, vous avez battu bien du pays. J'ai une grande joie que ce pauvre petit Langhac se porte bien, et que vous soyez enfin en repos dans votre château à philosopher et moraliser utilement ; car on ne peut point penser comme vous faites, sans être bien armé et bien fortifié contre les cruelles opiniâtretés de la mauvaise fortune. Dans cinquante ans, tout sera égal, et les plus heureux comme les autres auront passé dans ce grand fleuve qui nous entraîne tous. Faites bien des réflexions de votre côté, comme nous en faisons du nôtre, et continuons de nous aimer, malgré nos éloignements. Pour moi, je suis accoutumée à aimer de deux cents lieues loin ; jugez si vous n'êtes pas assuré de moi. La Provençale se porte assez bien, elle ne voit encore rien d'assuré pour son retour. Je crois que le mien sera sur la fin de l'année. Nous avons ici les mêmes amusements que vous avez chez vous. Rien n'occupe plus doucement que de faire ajuster sa maison et ses jardins; mais vous n'avez rien à faire à votre belle situation de Chaseu. Je n'oublierai jamais vos prairies et vos moutons, non plus que votre bonne compagnie et votre bonne réception.

LETTRE CLX.

A MADAME DE GRIGNAN.

A Paris, mercredi 30 octobre 1680.

J'arrivai hier au soir, ma très chère, par un temps charmant et parfait ; si vous êtes bien sage, vous en profiterez, et vous n'attendrez point l'autre lune, de peur des pluies et des mauvais chemins. Je n'avais jamais vu ceux de Bretagne en cette saison, vous savez pourquoi je suis venue sans perdre un moment : je vous écrivis de Malicorne de quelle façon nous amusions les douleurs et la fièvre de mon pauvre fils ; nous avons enfin réussi, par un bon gouvernement, à le remettre dans son naturel ; plus de fièvre, plus de douleurs, assez de force ; il n'y a plus qu'à le guérir de cette santé, et non pas à le ressusciter ; c'est à quoi nous allons travailler. Je trouvai ici le chevalier à mon arrivée ; nous causâmes fort ; il me dit des choses particulières et très agréables ; vous les apprendrez, car peut-être n'a-t-il point osé les écrire. Je suis ravie qu'il soit dans cette maison : je voudrais qu'il pût y demeurer: du moins il ne quittera pas le quartier, il y aura sa plus grande affaire : cette pensée doit rendre votre voyage bien doux. Vous me priez de vous recevoir avec une joie sincère; vraiment, ma fille, je voudrais bien savoir où vous voudriez que j'en prisse une autre. Nous avons vu, le chevalier et moi, votre appartement; vraiment il sera joli, et vous en serez contente. Je le suis fort de la belle et nette explication de madame de la Ville-Dieu : cela s'était brouillé dans ma tête, en voilà pour toute ma vie. Elle emmènera Pauline : nous aimerions bien mieux que vous l'amenassiez avec vous; eh, bon Dieu, que nous en serions aises ! M. de la Garde me mande que Pauline avait suivi mon conseil de l'année passée, qu'elle avait cousu sa jupe avec la vôtre, et tout cela d'une grace et d'un air à charmer : je ne verrai jamais tout cela, vous m'en consolerez, mais, en vérité, il ne faut pas moins que vous. Je comprends votre colère de n'avoir pas dit adieu à M. l'archevêque : hélas ! à quoi pense-t-on quand on quitte une personne de cet âge (1)? Tout ce qui ressemble à une séparation éternelle fait bien mal au cœur.

(1) M. l'archevêque d'Arles était alors âgé d'environ soixante-dix-sept ans.

Les chansons de M. de Coulanges sont fort jolies ; il fallait que votre hôtellerie fût bien pleine pour avoir suffoqué sa vivacité : ah! c'est trop de monde à la fois: pour moi, je n'y pourrais pas résister avec toutes mes vertus populaires. En vérité, je suis ravie de penser que vous ne vous ruinerez cet hiver ni à Aix, ni dans votre auberge : l'état de mon ame est délicieux de voir votre retour aussi sûr qu'il peut l'être. Je serais trop aise si la situation de ce pauvre garçon ne troublait ma tranquillité. M. le coadjuteur est parti ; il a fait régler la manière dont M. de Vendôme (1) traitera M. de Grignan; il faut le savoir une bonne fois; et quand on obéit au roi, on ne peut être mal content. J'achèverai ce soir ma lettre, je vous dirai ce que j'ai vu et entendu.

J'ai vu toutes mes pauvres amies. Madame de La Fayette a passé ici l'après-dînée entière; elle se trouve fort bien du lait d'ânesse : il ne m'a pas paru que madame de Schomberg ait encore pris ma place ; il y a bien des paroles dans cette nouvelle amitié. Ne vous souvient-il point de ce que

(1) Il s'agissait du cérémonial entre M. de Vendôme et M. de Grignan, à l'arrivée de M. de Vendôme en Provence.

nous disions du plaisir que l'on prenait à étaler sa marchandise avec les nouvelles connaissances? Il n'y a rien de si vrai; tout est neuf, tout est admirable, tout est admiré, on se pare de ses richesses, on se loue à l'envi; il y a bien plus d'amour-propre dans ces sortes d'amitiés que de confiance et de tendresse: enfin, je ne crois pas être tout-à-fait jetée au sac aux ordures. Montgobert m'écrit des merveilles de son raccommodement; il me paraît que désormais rien n'est capable de la séparer de vous: il me semblait que je voyais ce fond, et que c'était dommage qu'il fût couvert d'épines et de brouillards.

Vous avez donc été à cette visite, et vous avez passé, sans que rien vous en ait empêchée, sur les bords des précipices; vous m'amusez d'une prairie; mais le chevalier m'a conté comme il se jeta un jour à votre litière, et vous en fit descendre par force, parce que vous alliez périr: pour moi, je ne puis comprendre ce plaisir, et que vous soyez aise de rêver et d'attacher vos yeux sur cette horreur qui vous met à une ligne de la mort. Pourquoi vous piquez-vous, ma fille, d'être plus intrépide que le chevalier? Est-il besoin de joindre cette sorte de mérite avec les autres qualités plus convenables que vous avez?

La gaîté et les chansons du petit Coulanges sont d'une grande utilité dans de telles visites. Madame de Coulanges m'écrit des douceurs extrêmes, et pour vous, et pour moi. Mesdames de La Fayette donc, de Lavardin, d'Huxelles, de Bagnols, ont causé des nouvelles du monde. Mademoiselle Amelot fut mariée dimanche, sans que personne l'ait su, avec un M. de Vaubecourt, tout battant neuf; homme de qualité peu riche, dont la mère est de Châlons. Adieu, mon enfant, nous sommes occupés de vous bien recevoir. Voici encore une occasion où l'éloignement va nous faire dire bien des choses à contre-temps. Vous me souhaitez ici, vous croyez que je passerai l'hiver en Bretagne; j'en ai vu l'heure et le moment; mais enfin me voilà, me voilà, ma très chère, je vous avoue que j'en suis ravie.

LETTRE CLXI.

A LA MÊME.

A Paris, vendredi 8 novembre 1680.

Je fais de mes hôtes (1) un usage bien différent de ce que vous pensez. Je suis bien fâchée de n'avoir pas songé, dès les Rochers, à vous rassurer là-dessus : je suis fort aise de les avoir ; je passe tous les soirs plus d'une heure et demie à causer avec mademoiselle de Méri ; elle déménage avec un loisir et une persuasion si visible, que rien ne la presse, que l'on peut croire qu'elle en est contente, quoiqu'elle ne le dise point. C'est une plaisante étude que celle des manières différentes de chacun ! Quant au chevalier, c'est une joie pour moi que son retour de Versailles ; nous causâmes hier au soir deux heures chez mademoiselle de Méri : il ne peut présentement quitter son jeune maître, qui est considérable-

(1) Mademoiselle de Méri et M. le chevalier de Grignan étaient tous deux logés à l'hôtel de Carnavalet, à l'arrivée de madame de Sévigné à Paris.

ment malade. L'Anglais a promis au roi sur sa tête, et si positivement, de guérir Monseigneur dans quatre jours, et de la fièvre, et du dévoiement, que, s'il ne réussit, je crois qu'on le jettera par les fenêtres : mais si ses prophéties sont aussi véritables qu'elles l'ont été pour toutes les maladies qu'il a traitées, je dirai qu'il lui faut un temple comme à Esculape. C'est dommage que Molière soit mort; il ferait une scène merveilleuse de Daquin (1), qui est enragé de n'avoir pas le bon remède, et de tous les autres médecins qui sont accablés par les expériences, par les succès, et par les prophéties comme divines de ce petit homme. Le roi lui a fait composer son remède devant lui, et lui confie la santé de Monseigneur. Pour madame la dauphine, elle est déjà mieux ; et le comte de Grammont disait hier au nez de Daquin :

> Talbot est vainqueur du trépas (2).
> Daquin ne lui résiste pas ;
> La dauphine est convalescente,
>   Que chacun chante, etc.

(1) Premier médecin du roi.
(2) Parodie du chœur de la scène première du cinquième acte d'*Alceste*.

On ne parle à la cour que de cela. Le chevalier me conta mille choses qui sont fort amusantes, et qui ne s'écrivent point. Je vous assure que c'est un grand avantage que d'être placé en ce pays-là, et que cela donne une familiarité et des occasions qu'on ne trouve point quand on s'en retire. Je ne sais point vos desseins; mais nous voyons que M. de Vendôme n'est pas fort pressé d'arriver en Provence : il est encore à Orléans où il court le cerf; il veut s'arrêter à Lyon; et s'il faut que M. de Grignan soit à l'assemblée, comme je le crois, et qu'il vous renvoie votre carrosse, vous voilà dans le mois de janvier; et peut-on vous aimer, et envisager votre voyage en ce temps-là? Je pense qu'il faut toujours mettre la santé avant toutes choses: nous sommes encore étrangement blessés de votre retour au mois de mai : il n'y a qu'un *Dom Courrier* qui puisse soutenir ces fatigues; je suis persuadée que vous en connaîtrez l'impossibilité; mais pourquoi le penser et le dire? Enfin, c'est se ruiner, que de faire tant de dépenses de louage de maisons, d'ajustements et de ballots pour trois mois : il semble que vous preniez plaisir à gâter le voyage du monde le plus agréable et le plus utile pour votre maison. Si vous me demandez de quoi je me mêle de vous gronder ainsi, je vous répondrai que je me mêle de mes affaires, et que prenant à votre personne et à vos intérêts une part aussi intime que celle que j'y prends, je trouve que tous ces arrangements et dérangements ruineux sont les miens. Voudriez-vous, ma chère enfant, achever de vous abîmer à Aix, ou vous dessécher cet hiver à la bise de Grignan? Je suis, en vérité, fort occupée de toutes ces choses; mais quelque envie que j'aie de vous embrasser, je vous conseillerais de ne point venir, si vous n'étiez ici qu'un moment; je ne crois pas que le bon sens puisse décider d'une autre manière. Nous verrons si la santé de mon fils ne changera rien à ses dispositions; j'en doute, du moins pour sa charge, car elles sont dans son cœur depuis long-temps. Tous les évènements d'ici-bas sont des jeux de la Providence; je la regarde faire, et je médite sans cesse sur notre dépendance et sur la variété de nos opinions : mais les sentimens du cœur sont plus profonds, et j'en juge ainsi par les miens : la tendresse que j'ai pour vous, ma chère bonne, me semble mêlée avec mon sang, et confondue dans la moëlle de mes os : elle est devenue moi-même, je le sens comme je le dis.

N. B. *Madame de Grignan arriva peu de temps apres cette lettre. La mère et la fille ne se séparèrent plus, jusqu'au mois de septembre 1684.*

LETTRE CLXII.

AU COMTE DE BUSSY.

A Paris, ce 2 janvier 1681.

Bonjour et bon an, mon cher cousin. Je prends mon temps de vous demander pardon après une bonne fête, et en vous souhaitant mille bonnes choses cette année suivie de plusieurs autres. Il me semble qu'en vous adoucissant ainsi l'esprit, je vous disposerai à me pardonner d'avoir été si long-temps sans vous écrire, et à cette jolie veuve que j'aime tant. Je partis de Bretagne le 20 d'octobre, qui était bien plus tôt que je ne pensais, pour venir à Paris. Un mois après j'eus le plaisir d'y recevoir ma fille. Je l'ai trouvée mieux que quand elle est partie; et cet air de Provence qui devait la dévorer, ne l'a point dévorée : elle est toujours aimable, et je vous défie de vous voir tous deux et de parler ensemble sans vous aimer. J'ai toujours pensé à vous, et j'ai dit mille fois : Mon Dieu! je voudrais bien écrire à mon cousin de Bussy; et jamais je n'ai pu le faire. Pour moi, je crois qu'il y a de petits démons qui empêchent de faire ce qu'on veut, rien que pour se moquer de nous, et pour nous faire sentir notre faiblesse. Ils ont un contentement, et je l'ai senti dans toute son étendue. Nous avons ici une comète qui est bien étendue aussi; c'est la plus belle queue qu'il est possible de voir. Tous les plus grands personnages sont alarmés, et croient que le ciel, bien occupé de leur perte, en donne des avertissements par cette comète. On dit que le cardinal Mazarin étant désespéré des medecins, ses courtisans crurent qu'il fallait honorer son agonie d'un prodige, et lui dirent qu'il paraissait une grande comète qui leur faisait peur. Il eut la force de se moquer d'eux, et il leur dit plaisamment que la comète lui faisait trop d'honneur. En vérité, on devrait en dire autant que lui; et l'orgueil humain se fait trop d'honneur de croire qu'il y ait de grandes affaires dans les astres quand on doit mourir. Tout mon silence ne m'a pas fait oublier les charmes de vos traductions (1). Adieu, mon cher cousin; adieu, ma chère nièce. Mandez-moi de vos nouvelles.

(1) Ce sont des traductions en vers de plusieurs épi-

Cependant nous allons reprendre, notre ami Corbinelli et moi, le fil de notre discours.

grammes de Martial et de Catulle; elles sont en général tres-médiocres. Voici la plus courte, et peut-être la meilleure :

Ad Fidentinum. Lib. 1. Ep. 39.

Les vers que tu nous dis, Oronte, sont les miens;
Mais, quand tu les dis mal, ils deviennent les tiens.

FIN DU TOME SECOND.

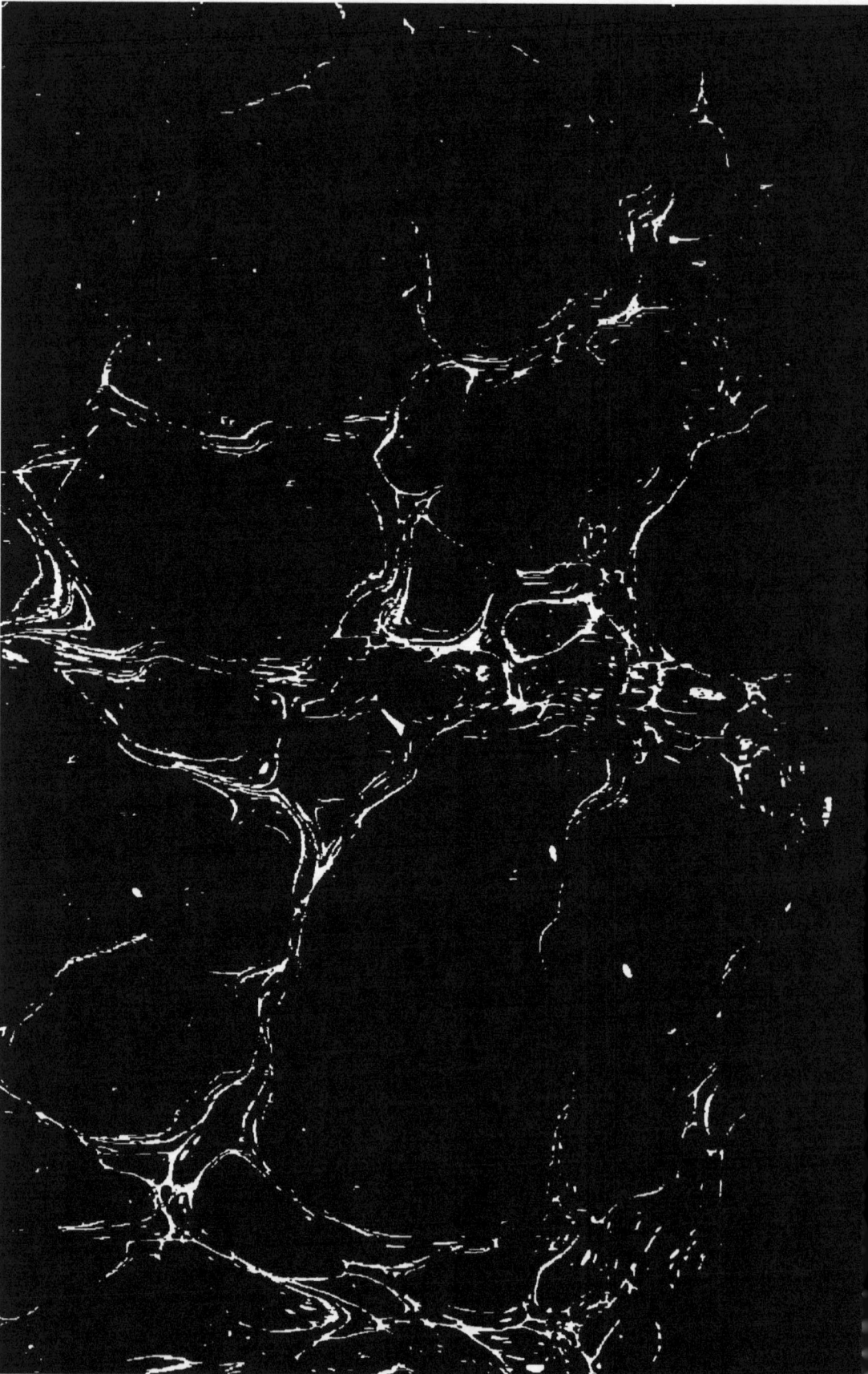

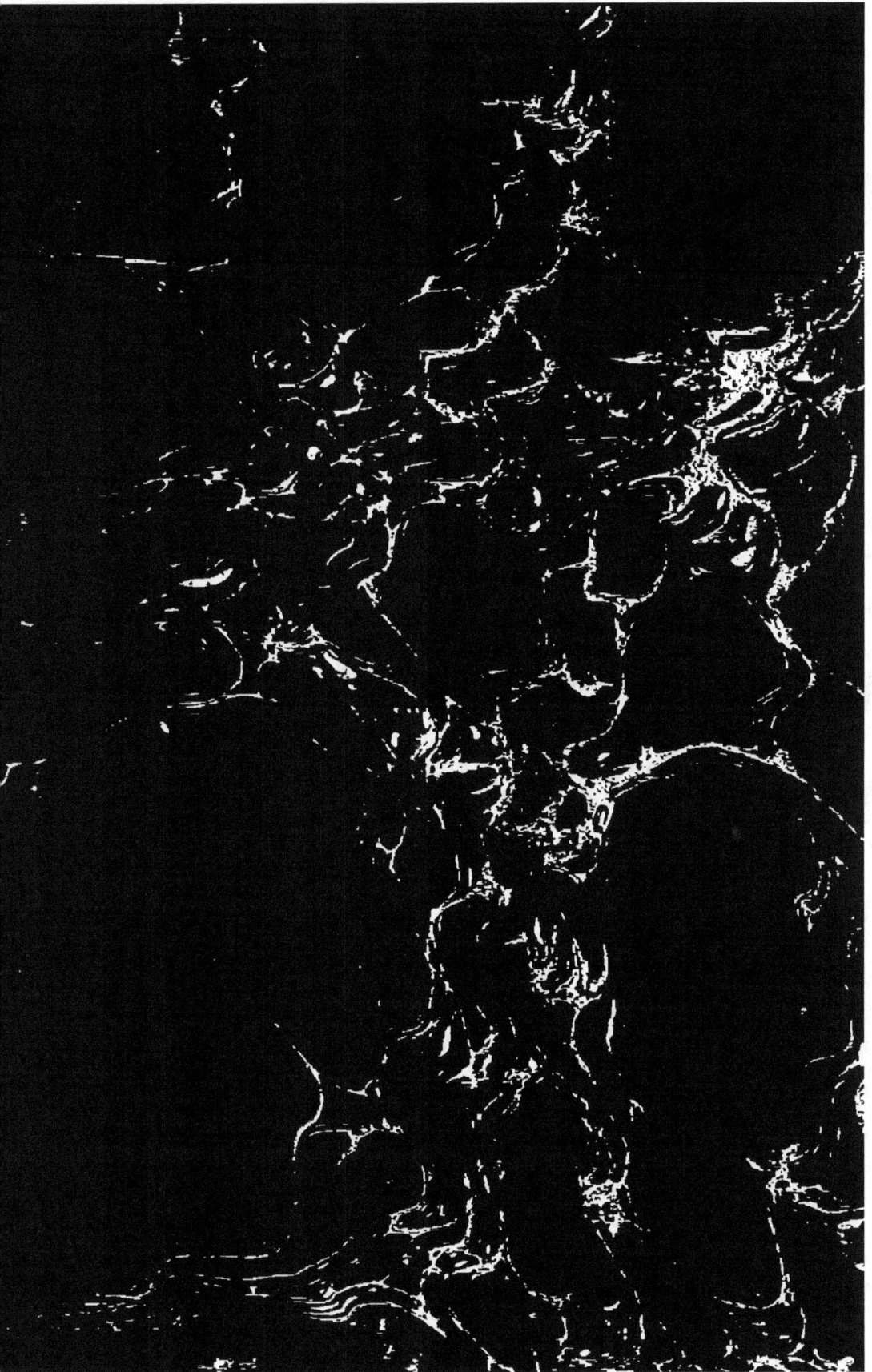

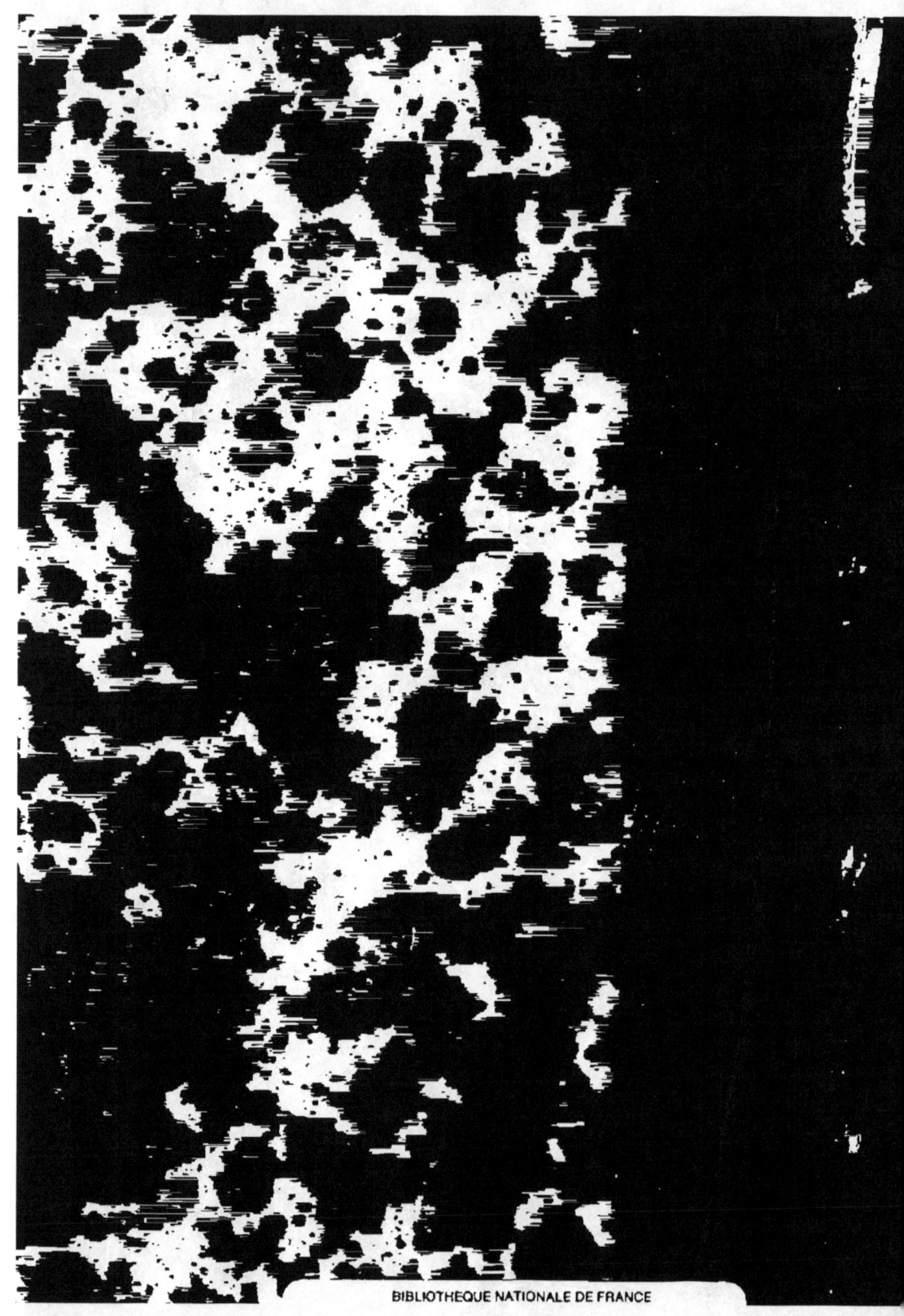

www.ingramcontent.com/pod-product-compliance
Lightning Source LLC
Chambersburg PA
CBHW050249170426
43202CB00011B/1609